DE

LA SOCIÉTÉ,

ET

DE SES VICES PRINCIPAUX.

IMPRIMERIE DE CONSTANT-CHANTPIE,
Rue Sainte-Anne, n. 20.

DE

LA SOCIÉTÉ,

ET

DE SES VICES PRINCIPAUX.

Par P.-G. Bonnain,
Avocat.

Avec des mœurs l'on pourra faire de l'égalité.... Le débat de ce siècle, est la guerre des métiers contre les crénaux.

NAPOLÉON.

PARIS,

PONTHIEU, LIBRAIRE, AU PALAIS-ROYAL,
Galerie de bois, n° 255.

CONSTANT-CHANTPIE, IMPRIMEUR,
Rue Sainte-Anne, n° 20.

1823.

A

M. Benjamin-Constant.

A

M. Benjamin-Constant.

Monsieur,

Le plus beau titre du citoyen à
la reconnaissance de ses semblables,
est celui de défenseur des libertés
publiques. Vous réunissez cet honneur

à beaucoup d'autres ; permettez donc
que, dans la juste appréciation de
vos talens et de vos principes politiques, je publie, sous vos auspices,
un Ouvrage consacré à vaincre les
obstacles qui se sont de tout temps
opposés au bonheur de la société.

J'ai l'honneur d'être,

Monsieur,

Votre très-humble serviteur,
P.-G. Bounain.

INTRODUCTION.

___

Les maux de la société m'ont frappé :
j'ai voulu en deviner l'origine, et je me
suis convaincu qu'ils dérivaient autant
de certains vices particuliers aux masses,
que des imperfections des constitutions.
En effet, à quoi ont servi les efforts multipliés des hommes, depuis quatre mille
ans qu'ils combattent pour se procurer
des lois? à rien. Après en avoir obtenu
de plus ou moins bonnes, ils n'ont pas
été heureux, parce que chacun veut bien
de la liberté, mais encore plus la su-
prématie de ce qui lui est personnel.
Ainsi, lorsqu'il s'est agi de sacrifier à la
constitution, *l'orgueil, l'intérêt in-*

dividuel, l'attachement aux préjugés, etc., etc., il y a eu des obstacles qui ont remis les hommes dans un état de guerre, moindre, il est vrai, que celui qui existait avant leur agglomération en société civile, mais toujours assez considérable pour en faire détester les rapports. Ce malaise de la société a commencé avec elle : il s'est soutenu jusqu'à nos jours ; et de nos jours encore on s'aperçoit trop peu que toutes les constitutions du monde ne seraient rien sans les mœurs. Ici les mœurs sont la volonté de sacrifier l'orgueil, l'intérêt particulier et les préjugés à la chose publique.

Quand finira donc cette situation critique de la société? Elle finira lorsque les hommes le voudront, c'est-à-dire, lorsque les mœurs se plieront assez au principe de l'égalité sociale admise par la constitution, pour bannir de la société les vices dont je viens de parler.

Si j'avais cru cette réformation impossible, je n'aurais pas traité la matière qui fait le titre de cet ouvrage.

Mon opinion est qu'on a toujours trop accordé aux passions, et que les hommes sont moins enfans qu'on l'admet communément. Si les politiques qui se sont occupés de leur sort, s'étaient attachés à les éclairer, à les corriger, plutôt qu'à se diviser sur des théories qui, dans le fait, étaient des chimères par rapport aux mœurs, il y a long-temps que les nations seraient tranquilles. Que dis-je ? ils auraient épargné à l'humanité souffrante les calamités qui pèsent sur elle depuis bien des siècles : on n'aurait pas fait de la politique une arêne où les rois et les peuples sont sans cesse en présence les uns des autres, comme pour se déclarer la guerre.

Je n'hésite donc pas à le dire, tout dépend des mœurs. Dans les circonstances actuelles, ces mœurs sont le résultat des passions; elles l'ont été lorsqu'elles avaient le moins lieu de l'être en 1791 et 1792, par exemple (1). Pourquoi cela ? parce que l'ancienne aristocratie était supplantée par une nouvelle qui croyait faussement avoir besoin, pour se légitimer, de perdre les habitudes de la classe d'où elle sortait, et même de bouleverser. Tandis qu'en enseignant aux hommes qu'ils doivent se sacrifier à la chose publique dans laquelle se trouvent compris les chefs des états et leurs sujets, on évite les inégalités, les bouleversemens. C'est parce que je ne veux pas de ces catastrophes d'autant plus affligeantes pour les nations, que l'expérience prouve qu'elles les démoralisent, que je me suis décidé à publier mon opinion.

La lutte entre la monarchie et la république n'a pas eu d'autre cause que celle-ci : les peuples s'imaginant qu'ils étaient plus heureux dans la dernière, l'ont souhaitée, à la perte de l'autre. Lorsqu'ils ont vu qu'ils se trompaient, parce que l'orgueil, l'intérêt privé et les préjugés y exerçaient aussi leur empire, ils sont tombés dans l'indifférence, et de là, dans l'oubli qui a perdu les républiques de l'antiquité. La marche progressive de la société a presque constamment été de l'état monarchique à l'état républicain, et de celui-ci à l'anéantissement.

En arrangeant mes idées sur cette matière, je me suis convaincu que les disputes de nos jours ne tendaient à presque rien. Elles peuvent intéresser le riche libéral ou le riche royaliste, qui veulent devenir ministres ou arriver à d'autres fonctions. Pour la classe mitoyenne et pour le peuple surtout, il faut certainement de bonnes institutions; mais ils demandent autre chose, c'est de ne pas être foulés aux pieds, parce qu'ils n'ont pas beaucoup de fortune et encore moins d'honneurs.

Voilà la clef des troubles publics. Dans l'état républicain, le peuple ne se lasse point de la constitution : dans le monarchique, le peuple ne hait point son roi, lorsqu'il se conduit bien. Dans

les deux cas, le peuple hait ceux qui se
croient en possession de mépriser et de
persécuter.

On m'objectera que je change la théorie des gouvernemens; que, par sa nature, le monarchique doit avoir des classes
intermédiaires qui sont toujours plus ou
moins orgueilleuses, qui ont plus ou
moins d'intérêt privé, de préjugés, etc.
Je ne change rien; mais je ne veux aucun
des vices sociaux qui troublent aussi
bien les gouvernemens républicains ou
représentatifs, que ceux monarchiques
ou despotiques. En un mot, je veux
de l'égalité autant dans le fait, c'est-à-
dire dans les mœurs, que dans le droit.
Car peu importera à Titius de savoir
qu'il peut être ministre, si sa position
ne lui permet pas de l'être; et c'est la
grande partie qui s'y trouve placée.

Vous lui ferez de l'égalité comme on en fait depuis la fondation des sociétés. Son égalité à lui, est d'être libre, et de ne pas trouver un riche ignorant ou un noble imbécile qui lui apprenne le contraire. En un mot, il prétend qu'on respecte en lui ce qu'il respecte dans les autres.

Si les partisans de l'ancien régime n'étaient pas ceux qui sont les moins disposés à adopter cette vérité, je les aurais moins accusés que ceux du nouveau. Car, peu m'importe, à moi, les hommes. Il y en a partout, depuis Pékin jusqu'à Philadelphie. Je suis naturellement porté à les aimer et à les estimer, et je ne trouve rien de plus misérable qu'un homme de parti. Je veux être indépendant, et je suis honteux pour mes semblables, lorsque je pense, que sans compter les lois, il est des minorités, des fractions qui s'y opposent.

Je ne me dissimule pas que j'ai entrepris cette tàche avec bien de la faiblesse. C'est vrai; mais mon cœur souffrait : j'avais besoin de le décharger du poids qui l'opprimait. Je serai toujours parvenu à mon but, si mes réflexions engagent des plus habiles à en faire sur le même sujet. Telle est toute mon ambition : je n'en ai pas d'autre.

En posant quelques principes préliminaires sur la nature d'un bon gouvernement, j'ai cru faire une chose nécessaire. On verra que je me suis déclaré pour le gouvernement de la charte, le gouvernement représentatif, mais dans sa pureté, mais dans sa noblesse. Car, si je pense que l'égalité de fait est

non moins précieuse que celle de droit,
je sens aussi que la première ne serait
qu'un chaos, si elle n'était réglée et déterminée par la loi. Les constitutions
sont à la société ce que l'âme est au
corps. Elles l'animent, la vivifient et la
dirigent.

Partant de ces principes qui consti-
tuent la bonne société, j'ai établi une
vérité triviale, mais indispensable dans
la circonstance; savoir, que l'homme a
des passions. Il m'a été facile ensuite de
prouver que dès que la raison lui avait
été départie pour agir dans un sens contraire, il avait une capacité pour le
moins équipollente aux passions, et
qu'il lui restait le choix de se déclarer
pour l'une ou pour les autres.

Sa situation sociale prouve évidemment qu'il opte pour la raison.

J'entre ensuite en matière, et parmi tous les vices sociaux particuliers qui entravent la félicité de l'homme, l'exercice de ses facultés, je choisis comme les plus dangereux dans l'état actuel :

1° L'orgueil ;

2° L'intérêt individuel ;

3° L'attachement aux préjugés ;

4° L'amour du fanatisme ;

5° L'encouragement aux dénonciations ;

6° La compression de l'opinion publique.

Il ne m'était pas possible de m'abstenir d'excursions chez les divers gouvernemens anciens et modernes, puisque c'était par des faits, des exemples que je devais arriver à mon but. Toutefois, je me suis montré avare de citations et de comparaisons, autant qu'il a été en mon pouvoir. La matière était assez aride par elle-même, je n'avais pas besoin de la rendre confuse.

Les considérations devaient naturellement avoir leur place dans cet ouvrage, parce qu'il a aussi bien trait à la morale qu'à la politique, et que du reste, j'ai cherché par là à châtier un peu l'aridité de la discussion.

Au sujet du fanatisme religieux, je me suis montré l'ami de ma religion, car je l'aime, et elle est un besoin pour mon cœur (2). Si j'avais été dans la nécessité de manifester mon opinion, j'aurais dit que je la regardais, dans sa pureté primitive, telle qu'elle est enseignée dans l'Evangile, comme la reine des religions. Elle remplit l'âme de sentimens désintéressés et patriotiques. Elle est, sans contredit, la seule qui ait en horreur les sectes. S'il en est résulté des sectes et des massacres, plaignons-nous-en aux hommes : eux seuls sont coupables.

Voilà la source de mon opinion sur le fanatisme. Je sais que les hommes, en matière de religion, n'aiment pas qu'on leur fasse entendre le langage de la vérité. Mais ils ne sont que de chétifs instrumens de leurs passions et de leurs intérêts, et la Divinité aime qu'on reconnaisse en elle la cause du bien, et non celle des calamités. A qui accordera-t-on la préférence?

Enfin, j'ai dit un mot sur l'industrie, parce que, dans tout le cours de cet ouvrage, j'ai fait sentir que, lors même que les gouvernemens s'efforceraient à tuer la liberté, ils feraient des efforts impuissans, tant que régnerait l'industrie. On verra que dans ce chapitre, qui peut être considéré, jusqu'à un certain point, comme à part de l'ouvrage, je n'ai prétendu énoncer que cette vérité. Si j'avais eu d'autre vue, je serais entré dans plus de détails.

Enfin, il résulte de mes réflexions qu'en adoptant le gouvernement représentatif, et en faisant périr les vices particuliers qui sont autant d'obstacles au bonheur des peuples, on aura la véritable liberté, celle qui est protectrice et conservatrice ; celle, en un mot, que les peuples dans leurs besoins ont conçue, mais que les rois et les grands ont sacrifiée à leurs plaisirs et contre leurs intérêts.

Il me reste maintenant à demander à mes lecteurs de ne pas me juger sans

avoir suivi le fil de mes idées. Cet ou
vrage n'aura quelque agrément pour eux
qu'autant qu'ils voudront bien se con-
former à mon désir.

Il me reste encore à les prier de ne
point s'offenser, si j'ai parlé avec une
extrême franchise. Celui qui cherche la
vérité, croit que tout le monde lui ressemble, et il éprouve un certain charme
religieux en songeant, avec Platon, que
la vérité, c'est Dieu.

Si les agens de l'autorité s'imaginaient
que j'aie composé cet écrit par haine pour
le gouvernement établi, qu'est-ce que
cela prouverait ? qu'ils interprètent aussi
mal mes idées et mes intentions, que je
suis respectueux envers tout ce qui vise
à la félicité des hommes. Rien, suivant
moi, n'y va plus directement que le
régime représentatif.

DE

LA SOCIÉTÉ,

ET

DE SES VICES PRINCIPAUX.

CHAPITRE PREMIER.

PRINCIPES D'UN BON GOUVERNEMENT.

L'HOMME sortant des mains du Créateur naît avec le germe des vertus nécessaires à sa conservation et à celle de ses semblables. Si certains philosophes ont mal présumé de son cœur, c'était une erreur propre à précipiter la société dans un état de guerre, où elle arrive assez tôt par la dissolution des mœurs.

C'est donc à la dissolution des mœurs, qui n'est qu'une cause secondaire dans l'ordre

politique, qu'il faut attribuer la conduite
des hommes dans les états d'où la bonne foi
semble avoir été proscrite; dans les états où
la corruption est à l'ordre du jour, où la
fermeté et l'énergie sont mortes avec le principe qui les animait, où l'aveugle soumission aux préjugés est une loi de politesse et
de bienséance.

Sans parler des constitutions politiques
des peuples, qui sont la cause efficiente de
leurs vertus ou de leurs vices, comme l'a
pensé M. le président de Montesquieu, il
n'est pas possible de taire que la différence
dans les rapports de commerce et dans tous
ceux qu'entraîne l'état de société, a été à l'a-
vantage des peuples libres sur ceux nés
dans la servitude. L'histoire du moyen âge
fourmille de ces vérités, et l'antiquité les
met dans tout leur éclat.

Les philosophes qui, dans leurs rêveries,
ont avancé, en Angleterre et en France,
que l'homme naissait avec un penchant pour
le mal, n'ont pas fait assez d'attention qu'ils
embrassaient la défense des guerres civiles,

des révolutions sanglantes , en un mot, qu'ils érigeaient en droit le bouleversement de la société. Car si vous partez du mal pour arriver au bien, vous avez plus d'efforts à faire que si vous partez du bien pour arriver au bien. Au lieu que dans l'hypothèse contraire, en partant du bien afin d'arriver au mal, vous trouvez sans peine que la félicité des peuples, qui se compose du respect des personnes et des propriétés, en un mot, du repos public, est une barrière à l'existence des doctrines perturbatrices.

Les doctrines perturbatrices, celles dont on fait tant de bruit aujourd'hui en Europe, sont donc la substitution du mal qui est un état de néant, lequel ne peut être l'œuvre d'une intelligence divine, à ce qui est bien en sortant des mains bienfaisantes du Créateur.

Expliquons les biens dont Dieu a comblé l'homme.

Le premier de tous, celui qui entraîne à sa suite les autres, c'est que Dieu *l'a fait à sa ressemblance* (5).

Il a donc créé l'homme grand, majestueux, libre, indépendant, fort et raisonnable.

Il l'a donc créé sociable, c'est-à-dire qu'il
lui a inspiré l'amour des bonnes lois , de
celles qui peuvent convenir à un être formé à la ressemblance divine.

En quoi consistent les bonnes lois?

Question difficile et importante, qu'il est
plus aisé de proposer que de résoudre.
N'importe, on est généralement convenu
qu'elles émanaient de ce statut admirable de
la loi naturelle : « *Alteri ne feceris quod tibi
fieri non vis.* »

J'ai parlé de ce statut parce qu'il se trouve
dans l'Evangile, et qu'on aime mieux le citer qu'un mot qui sonne mal à de certaines
oreilles, l'*égalité*.

N'en déplaise à quelques docteurs, l'égalité est la clef de la voûte de l'édifice des
lois. J'entends par égalité, *ne pas faire à
autrui ce que nous ne voudrions pas qui
nous fît fait.*

La difficulté aurait été faiblement surmontée, si je ne répondais pas à cette autre question.

L'égalité doit-elle être relative ou absolue?

C'est cette question qui agite et remue la société depuis sa fondation.

Si je me déclare pour l'égalité absolue, voilà que je tombe dans le vice que je veux éviter, dans le partage égal, et impossible à maintenir, des terres, ou en d'autres termes dans *la loi agraire* (4); ou pour parler plus généralement, je me perds dans l'anarchie, parmi les monceaux de cadavres que moissonne la faux dévastatrice de la mort et dans le sang qui ruisselle de toutes parts.

Me prononcé-je pour l'égalité relative? j'entends un concert d'approbateurs qui, ne consultant que leur intérêt privé, m'assurent que j'ai raison, tandis que j'ai tort : car j'ai cru lire dans beaucoup d'hommes que l'adoption de cette égalité relative équivalait pour eux à *zéro* égalité, manière adroite de calculer !...

Selon moi, cette sorte d'égalité ne peut pas plus exister que la précédente. En

voici la raison : on dit à Constantinople :
Tout le monde peut parvenir aux emplois ;
le grand-vizir sort souvent des derniers rangs
de la société; le chef des janissaires, quelquefois homme de rien, tient les rênes de
l'administration en main. On ne dit pas
qu'on les étrangle sans forme de lois, et que
le pouvoir y est despotique : observation
qui change la thèse, le principe du gouvernement n'y admettant aucune égalité.

On dit dans les monarchies tempérées :
Les grandes familles disparaissent; elles sont
suppléées par d'autres : les évêchés, le car-
dinalat, le ministère , les fonctions de ma-
réchal, ont été remplis par des roturiers.

On prend la dérogation au principe pour
le principe lui-même, ou l'exception pour
une loi générale. Dès-lors il n'y a point de
réponse à faire, à moins qu'on accepte,
comme une réponse satisfaisante, celle-ci :

Dans les monarchies tempérées, il y a eu
égalité relative pour quelques génies prodigieux, pour les familles que le hasard avait
placées sous les yeux du souverain.

Lors donc que parmi vingt millions d'individus, vous avez vu un homme ou une famille s'élever tous les vingt-cinq ans aux hauts emplois, vous avez vu la puissance de Dieu dans la puissance du génie, commander à des êtres faits pour lui obéir. La preuve en est, que dans notre histoire, les plébéiens qui ont été comblés des faveurs du monarque, étaient doués de talens supérieurs : mais vous n'aviez point vu là d'égalité relative.

Le moment est venu où il faut prendre parti entre l'égalité relative et celle absolue.

Eh bien? je n'accepte ni l'un ni l'autre, aucune d'elles n'étant dans le sens qu'on les emploie, *l'égalité naturelle.*

L'égalité relative n'est pas celle naturelle, puisqu'elle ne porte pas avec elle un principe de justice distributive, puisqu'elle sanctionne le droit aristocratique, qui n'établit de relations qu'entre un fort et un faible, un riche et un pauvre.

L'égalité absolue n'est pas non plus naturelle, l'homme étant né sociable et rien ne sapant davantage les bases de la société, rien ne les détruisant plus que l'anarchie, résultat des institutions d'un pays où tout le monde peut se dire *loi*, et même plus que *loi*, puisqu'après l'avoir établie, il pourrait, par ses manœuvres, la faire abroger.

Quelle est donc cette espèce d'égalité, appelée *naturelle?*

C'est celle qui serait dans un pays administré par un chef constitutionnel, assujetti, aussi bien que chaque particulier, à une règle commune.

Celle qui serait là où chaque citoyen aurait les mêmes droits devant la loi politique et civile, et pas plus de droits l'un que l'autre.

Celle où le préjugé de la naissance n'aurait d'avantages qu'autant qu'il se réunirait, dans l'individu, à un mérite plus réel, celui du talent et des services personnels rendus.

Celle qui dériverait d'une excellente loi électorale, d'une égale répartition d'impôts, d'un système d'éducation capable de changer les mœurs ou de les former.

Celle qui existerait chez une nation dans laquelle la libre manifestation des opinions serait permise, où les rouages de l'administration seraient simplifiés, et où le gouvernement serait considéré comme le mandataire du peuple, c'est-à-dire comme payé pour agir, le plus possible, dans ses intérêts et avec économie.

Celle, en un mot, où la vertu serait tout et l'individu rien.

Si ces conditions d'un bon gouvernement avaient été admises, ou si elles n'étaient pas à chaque instant violées, on verrait alors régner la véritable égalité, celle qui est conservatrice et protectrice; on verrait l'égalité naturelle, celle qui est tout à la fois relative et absolue.

Voilà la seule réponse convenable à faire à ceux qui déclament perpétuellement contre ce système, lequel ne peut prendre racine que dans les gouvernemens représentatifs, que je définis, *la liberté républicaine mitigée par les formes de la royauté* (4).

Reste à savoir si c'est le meilleur gouvernement, celui que Dieu ait voulu nous destiner. C'est sans contredit. L'homme ne se distingue des autres animaux de la création que par sa raison. Cet état est un conflit général de tous les esprits, combattant pour en posséder la plus grande quantité. Il est donc celui que le créateur a jugé nous convenir davantage. Indépendamment de ce qui se passe aujourd'hui chez les peuples assujétis à cette forme de gouvernement, les livres de Moïse, les commencemens de tous les états naissans ne le décident-ils pas?

On a regardé comme les rêves d'une philosophie dangereuse, les opinions des grands hommes et des publicistes qui ont péri martyrs de leur amour pour la liberté, depuis Anaxagore jusqu'à Barneveld, et pourtant ils ne rêvaient point des chimères; ils évoquaient de tous leurs vœux un état social, semblable à celui que je viens de dépeindre.

Dieu n'a pas voulu qu'en toutes choses les grandes découvertes fussent dépendantes des passions. Il y a des points où la raison humaine perce à travers, comme un éclair scintille à travers le nuage épais. Il y a des points aussi où les passions s'incorporent à la raison. Alors c'est la cause du grand, du sublime et du merveilleux.

L'esclavage, la gêne même de la liberté, qui est presque toujours pire que l'esclavage, est une condition odieuse aux yeux de Dieu. Aussi ne s'est-il jamais commis autant de crimes que dans les âges où ces maximes ont pris consistance. Elles se sont affermies principalement dans les 13ᵉ et 14ᵉ siècles. C'est pourquoi nous n'apercevons qu'inégalité, dépravation de mœurs et dislocation de la société.

Si cette opinion faisait le moindre doute, je répondrais : les théologiens soutiennent le libre arbitre dans l'homme, ce qui signifie qu'il est maître absolu de ses goûts et de sa volonté. Or, s'il est ainsi son maître vis-à-vis de son créateur, à plus forte raison ne peut-on incarcérer, dépouiller et faire périr, sans jugement en bonne forme, un citoyen, quels que soient ses sentimens politiques? Sa conduite, déterminée par les réglemens analogues au gouvernement sous lequel il vit, ne peut être jugée par des bons plaisirs et des caprices. Ce serait usurper un pouvoir que Dieu ne s'est pas réservé; car il n'a établi le plus ou moins long terme de notre existence, qu'en vertu de la règle commune de l'extinction et de la récréation des corps.

Les détracteurs du pouvoir souverain des masses, ne peuvent nier une vérité de fait qui devient de jour en jour plus sensible, sans tomber dans une contradiction apparente. La mécanique céleste ne va que par l'ensemble et le secours que se prêtent réciproquement tous les corps. Une nation, comment saurait-elle composer ses mouvemens, s'il prenait envie à son chef de les diviser pour les affaiblir? La faveur, se glissant dans une partie, au préjudice de l'autre, ferait que le lien d'unité n'existerait pas; par conséquent que toute la force disparaîtrait. Dieu est le centre d'un grand tout auquel aboutissent les forces de la nature. Un roi doit être tel dans son royaume.

Il faut, dans la société, une barrière aussi

ferme qu'un roc de granit, contre laquelle viennent échouer les passions humaines ; comme cela arrive envers Dieu à qui les outrages, les blasphêmes n'ôtent rien de son caractère bon, bienfaisant, mais rigoureusement juste.

Les lois répressives viennent à notre secours, mais elles doivent être encore *représentatives*, c'est-à-dire appropriées aux passions des hommes et à leurs faiblesses. Le code sanguinaire de Dracon convenait à des animaux féroces, s'étant entendus pour vivre dans une forêt, et nullement aux Athéniens, peuple léger, passionné et spirituel.

Les bonnes lois répressives doivent être d'intelligence avec Dieu et la nature humaine.

Pour bien faire, elles devraient être l'histoire de ses passions (5).

Dans leur application générale et partielle, si elles ne sont pas justes, elles deviennent despotiques et barbares, et sortent hors du cercle pour lequel elles ont été formées.

Les règles particulières sur lesquelles se meuvent les nations, sont toutes une suite de celles que je viens de poser. En effet, il faut respecter dans les hommes une partie de ce qui est respecté dans Dieu. L'horreur est portée à son comble, lorsqu'on peut s'imaginer qu'il y a des pays où ces règles sont tellement méconnues qu'on jette en prison sur une simple *lettre d'invitation*, et qu'on y tolère la traite des nègres, contre laquelle tant d'esprits philantropes ont écrit et parlé (6).

Assurément ce court exposé est loin d'être une chimère, tiré qu'il est du *moi humain*, du cœur de tous les hommes. Malgré cela l'on rencontre encore des gens qui ont peine à concevoir qu'il soit susceptible d'application : tant il est vrai que les préjugés nous plongent dans un aveuglement qui tient de l'ignorance ! tant il est vrai qu'il appartient à ceux qui ont le plus de raison de s'élever au-dessus des erreurs des temps passés et présens, afin d'établir des formes conservatrices et protectrices dans la société !

La clameur aristocratique a de tous temps cherché à décréditer de pareilles entreprises. Par son système favori d'interprétation, elle a vu, elle, des desseins cachés où il n'y avait que du désintéressement; des vues perturbatrices où il n'y avait qu'envie d'édifier solidement. Dieu, cet être si puissant en grandeur et en force, n'a pas créé le monde tout d'un jour; pourquoi voudrait-on que dans l'espace de quatre mille ans, qui ne sont rien en comparaison d'un si étonnant ouvrage, on ait fondé les meilleures bases de la société, et qu'aujourd'hui il n'y ait plus de découverte précieuse à faire pour elle?

D'après les échelles d'intelligence établies par les naturalistes et tirées de l'organisation physique de tous les êtres créés, il est impossible de nier que l'espèce humaine est susceptible d'une grande perfection sociale. Telle qu'elle fut, telle qu'elle l'est encore dans son imperfection, la société le prouverait à défaut de cette donnée d'un grand poids. Mais que d'immenses progrès n'aurait-elle pas à faire dans la carrière des institutions politiques, si elle avait consulté le premier, le plus puissant de ses avantages, celui de la raison. En partant de ce point, tout changeait de face dans le système organique des états. Les passions, les faiblesses tolérées comme elles doivent l'être, auraient cédé à la raison, et l'on serait parvenu à ce bonheur que soupirent les hommes instruits depuis tant de siècles (7). Cette idée n'est point chimérique; elle a reçu ses résultats, dans des circonstances critiques, toutes les fois que l'intérêt public l'a exigé. Voyez, à Rome, les femmes, ces êtres si remplis de vanité, si susceptibles de se laisser aller à leurs faiblesses, faire le sacrifice de leurs parures d'or et de diamans, afin de chasser les Gaulois des murs de la ville; combien d'autres exemples encore! Ainsi dans notre révolution, les hommes qui avaient le plus d'intérêt à défendre l'empire des préjugés et des inégalités, ont été les premiers à sacrifier leurs titres et leur fortune au salut public.

Pour que la raison gouvernât les hommes, il ne faudrait que de la volonté, mais une volonté ferme, toujours réveillée par les discussions des gouvernemens vraiment constitutionnels.

Dès que l'homme est susceptible de s'y soumettre dans de certaines occasions; il y a donc capacité chez lui; il lui est donc moins difficile qu'on ne pense de la prendre pour règle de ses actions politiques.

Quels sont les obstacles les plus considérables, qui s'opposent à ce qu'il fasse ce noble usage de sa raison? c'est ce que nous allons examiner dans les chapitres suivans.

CHAPITRE II.

DES PASSIONS DE L'HOMME.

Il est indubitable que l'homme est né avec des passions. Autrement, c'eût été un être accompli, et qui au-dessus des proportions ordinaires des objets de la création, n'aurait pas eu besoin de lois pour se diriger , ou eût été à lui-même sa loi. Organisé de la sorte, il eût pu vivre à l'époque chimérique de l'âge d'or , qui n'a jamais été que dans les imaginations des poètes.

Puisque l'homme a des passions qui s'opposent à son bonheur, il est nécessaire de connaître celles qui lui sont le plus contraires.

Elles ne lui ont été imposées que pour qu'il travaillât à se corriger et se rendre heureux, et non afin qu'il désespérât de l'être.

J'en compte plusieurs qui sont la cause de tous les désordres de la société. En discutant leurs effets et quelques-unes de leurs modifications, on verra si elles sont dans le cas d'empêcher l'existence de l'état social dont j'ai déjà fait le tableau : on verra si on ne leur accorde pas plus d'autorité sur nos déterminations qu'il ne convient.

CHAPITRE III.

DE L'ORGUEIL DANS LA SOCIÉTÉ.

L'ORGUEIL suffirait à lui seul pour détruire l'état le mieux fondé : il enfante le désordre, produit les inégalités, bouleverse le niveau des classes, et méconnaît les pouvoirs constitués. C'est peut-être le penchant le plus funeste. Il a perdu les vieilles sociétés, et perdra encore toutes celles où il ne sera pas réduit à l'impossibilité d'exercer ses ravages.

Si l'on réfléchit, on découvrira que l'orgueil est la cause de toutes les passions qui agitent l'homme. Il engendre la basse jalousie qui abhorre les justes proportions, et les crimes qui naissent d'une ambition démesurée. Tous les tyrans ont été des despotes orgueilleux, à l'exception de Sardanapale, qui, néanmoins, avait son genre d'orgueil.

On peut dire que l'orgueil est la source directe des mésintelligences qui règnent non-seulement dans les villes, mais encore dans les familles. Il fait en sorte que les hommes haïssent les lois dans leurs semblables ; car tous n'ont pas assez de lumières pour distinguer quand l'orgueil est le résultat des intentions particulières, ou le résultat de l'esprit occasioné par le législateur. Cette prévention fâcheuse n'est pas l'obstacle le moins dangereux à la félicité publique.

Aussi il est à remarquer avec quels soins Solon, Lycurgue, Minos, Numa, etc., etc., donnaient l'exemple de la simplicité, sachant combien il est nécessaire qu'elle soit pratiquée pour bannir cette peste des états. Lorsque cette conduite n'aurait pour effet que de répandre la confiance et l'esprit de bienveillance parmi les hommes, quels précieux avantages ne produisait-elle pas? quels bienfaits n'offrirait-elle pas au malheureux qui, le plus souvent, reste plongé dans sa détresse, faute d'avoir la force de s'élever jusqu'à nous, et de peur d'essuyer les *re-buffades* de notre orgueil.

Pendant une infinité de siècles, l'orgueil ne s'est pas contenté d'établir les lignes d'une effrayante démarcation. Chez divers peuples il empêchait les progrès de la législation tant civile que politique. A Rome, le principe républicain qui était vicié par un germe d'aristocratie, n'avait pas reçu les extensions dont il était susceptible. Cet inconvénient s'aperçut lorsque se cimenta l'alliance des plébéiens avec les patriciens. L'orgueil des patriciens environnés du faste orgueilleux de leurs fonctions, causa cette heureuse révolution, qui jusque là n'avait été précédée, dans la même nation, que d'exemples fort rares, et hors des usages établis (8). On ne perdra pas de vue, que c'est à dater de cette époque surtout que l'empire se fortifia le plus. Le nouveau système d'alliances matrimoniales avait réduit les plus hideuses aspérités qui existaient encore ; il avait, en quelque sorte, fondé les bases de la république, à l'esprit de laquelle rien n'est plus contraire qu'une loi prohibitive des mariages entre les diverses classes d'un peuple.

Les heureuses conséquences que produisit cette extinction de l'orgueil patricien à l'égard des plébéiens, accompagnèrent la fraude heureuse du secrétaire Flavius, qui déroba à son patron les mystères du droit civil. On sait que l'orgueil en avait réservé la connaissance aux patriciens exclusivement, qui, par ce moyen, passaient pour des oracles. Leurs sentences, toujours d'accord avec leurs intérêts, ne contribuaient pas peu à régler l'administration de la justice. Rien aussi n'était plus propre à répandre sur eux cette influence, mère de l'orgueil, qui établissait les inégalités les plus choquantes. Joignez à cela que la décision des choses sacrées était au pouvoir des pontifes pris dans l'ordre des patriciens, et vous jugerez alors ce que devait être en eux l'orgueil et les effets qu'il entraîne (9).

Les patriciens conservateurs des lois forçaient une dépendance qui révoltait les plé-

béiens ; car est-il quelque chose de plus ré-
voltant que de se croire assujéti à la volonté
toujours incertaine des hommes pour ce
qui concerne les différends que nous avons
avec eux ?

Les patriciens dépositaires des livres sy-
billins, usurpaient, par d'adroits mensonges,
une puissance la plus dangereuse de toutes,
puisqu'ils prétendaient interpréter les volontés du ciel : puissance de l'orgueil qui
sema dans la république un levain de mé-
contentement, et ne contribua pas peu à
produire l'extinction partielle de la morgue
aristocratique, introduisit quoiqu'indirectement, la consolidation du pouvoir tribu-
nitien, et aurait hâté le développement du
gouvernement le plus parfait, si l'oligar-
chie, ou l'administration des riches, n'avait
ensuite poussé des racines plus funestes.

Alors éclata un nouveau genre d'orgueil,
plus intolérable que celui des patriciens,
car il portait des plébéiens qui avaient fait
fortune. Il produisit une corruption de
mœurs pire que le premier, qui s'était con-

centré dans l'ordre des patriciens : au lieu
que celui-ci envahit toutes les catégories
de la société. Chacun aspirait à devenir
riche, afin de se rendre puissant. Devenu
puissant, on oubliait les faibles commencemens de sa prospérité; on s'aveuglait; les
caresses de l'adulation faisaient perdre la
tête; on pensait être patricien, parce qu'on
en fréquentait les cercles; on adoptait leurs
habitudes et leurs hauteurs. De là résultait
cette espèce d'orgueil que j'appelle *folie* :
car quiconque oublie ce qu'il a été, est un
furieux, capable de commettre les plus abo-
minables atrocités, pour se conserver dans
les fonctions ou dans le rang auquel il est
parvenu. Voilà ce qui explique pourquoi,
depuis qu'il y a une société, les excès politiques les plus condamnables sont toujours
venus de la part des plébéiens. Ils cherchent
sans cesse les moyens de se légitimer dans
l'échelle de pouvoir à laquelle ils se sont
élevés; tandis que les patriciens, s'ils n'a-
vaient pas, comme tous les hommes qui se
croient une classe séparée dans l'état, des

préjugés à conserver, des intérêts exclusifs à défendre, seraient, pour tout le reste, les êtres les plus doux et les plus affables.

Ce fut bien autre chose sous l'empire. Tacite nous apprend les progrès surprenans de la dépravation des mœurs; mais alors le principe du gouvernement était changé. De la république, on était passé à un despotisme où les formes républicaines n'étaient plus qu'un vain fantôme, dangereux pour les âmes crédules et confiantes, plus dangereux encore pour celles qui avaient retenu quelqu'amour de la patrie. L'orgueil se montra alors dans toute la hideur de ses effets, dans tout le despotisme de sa rigueur. Il amena le découragement dans toutes les classes. A cette époque, en effet, les persécutés se trouvaient partout : on considérait moins la naissance pour créer un grand ou un ministre, que la bonne volonté de se couvrir de tous les attentats. On aperçoit les mêmes conséquences dans les états où les lois ne sont rien, où la volonté des gouvernans est tout : dans l'empire ottoman, c'est ce qui a lieu tous les jours.

Que fait - on dans ces malheureuses circonstances? On ne fait rien ; mais les élémens
divers de la société se meuvent en sens in-
verses : elle se trouve perpétuellement travaillée, comme le monde avant sa création ;
c'est-à-dire que tout se brouille. L'orgueil
domine, succombe, se relève, s'abaisse, re-
paraît et finit, en voulant usurper le pouvoir
national, le véritable pouvoir divin que le
créateur a communiqué à tous les hommes
qu'il a faits à sa ressemblance.

Ce que je viens de dire de l'empire romain,
je le dirais de tous les autres.

Mais m'objectera-t-on, il n'y a donc jamais
eu de société bien établie. Je n'hésite pas à
dire non. Athènes a eu ses grandes imperfections, Sparte de même ; l'Angleterre, qui,
de nos jours, semble un des états le mieux
organisé, en présente aussi beaucoup. Chez
toutes les nations, l'orgueil, au lieu d'être
mu dans une direction utile, n'a présenté
qu'une tendance bien déclarée vers le système des inégalités soit relatives, soit ab-
solues : l'on n'a pas assez réfléchi qu'il avait

une influence directe et pernicieuse qu'on ne lui supposait pas.

Lorsqu'un état a été formé ou s'est perfectionné, on s'est principalement attaché à en rendre les règles les moins onéreuses possibles aux coassociés. Le législateur et les autres particuliers, se sont vus, se sont fréquentés : ils sont entrés dans les intentions de la providence qui veut que tous les hommes soient ses enfans et frères indistinctement, et traités comme tels. Sacrifices mutuels au privé aussi bien qu'au politique, voilà les conditions de toute bonne société; la confiance ne naît pas d'ailleurs.

Dans les Etats-Unis d'Amérique, les choses ne se passent point autrement. Le président de la république n'affecte, au-dessus de ses concitoyens, aucuns dehors d'orgueil. Ses manières sont particulièrement affables; et si l'on pouvait croire qu'il n'eût pas au fond du cœur ces sentimens de simplicité et d'affection, qu'on lui suppose pour les usages établis, il s'attirerait l'animadversion de ceux qui l'ont promu à ce haut degré de considération. Qu'arrive-t-il? c'est que tous les citoyens se feraient périr pour défendre un état où les droits de chacun sont si scrupuleusement respectés. Ceux qui ont vu Francklin peuvent se rappeler la simplicité de ses mœurs et le charme de son commerce. Avec de tels hommes à la tête d'un gouvernement, on n'a à craindre ni les lettres de cachet, ni les tyrannies particulières, en un mot, aucune déviation à la forme d'administration établie. Formons l'heureuse espérance pour les habitans de ce pays, qu'ils sauront toujours maintenir intactes ces maximes salutaires, et qu'ils prendront les uns à l'égard des autres les précautions nécessaires pour empêcher l'introduction de l'orgueil individuel. Les hommes des quatre parties du monde perdraient l'apanage de leur raison, si la constitution des États-Unis venait à se dégrader.

Des exemples que j'ai fournis, aucun ne me paraît plus satisfaisant pour prouver jusqu'à quel point peut porter le sentiment de l'orgueil, que les faits que je vais puiser dans l'histoire de notre monarchie.

Personne n'ignore que les Francs con-
quirent la majeure partie des Gaules ; qu'ils
y substituèrent d'abord indirectement, ensuite directement leurs lois à celles du pays ;
qu'ils partagèrent entre eux les terres con-
quises.

Ce qui primitivement ne fut que le droit
du plus fort sur le plus faible, dégénéra en
orgueil et en violence. Les descendans de
ces fameux Francs, qui n'avaient pour eux
que la faveur hasardeuse de la naissance,
prétendirent à des distinctions injurieuses.
A la longue, ils s'érigèrent en une classe
séparée, qui avait des priviléges et des
immunités distincts du peuple vaincu, quel
ques siècles auparavant, par leurs ancêtres.
De là naquit l'ordre de la noblesse, qui,
comme on le voit, fut dominée par l'orgueil
de se séparer des vaincus. Cet ordre ne se
contenta point de son orgueil : il ambitionna
les plus affreuses inégalités et les obtint. Il
en rejaillit les distinctions les plus humi-
liantes pour l'humanité, celles du seigneur
et de l'esclave.

J'en appelle à la conscience de ceux qui sont partisans de ce régime : si les Gaulois eussent eu assez de lumières pour réprimer l'orgueilleuse audace de leurs vainqueurs, se serait-il commis autant d'abominations qu'il est impossible de nier? Dans les annales de notre histoire, rencontrerait-on aussi souvent des passages qui indiquent à quel point la société était travaillée en sens inverse des intentions de Dieu? Les excès mêmes de la révolution française auraient-ils eu lieu?

A toutes ces questions, on doit répondre non.

Les premiers succès qu'obtint cette tentative furent suivis de nouveaux succès; et lorsque le principe de l'inégalité fut consacré dans la société comme une loi constitutive, le découragement social s'enfanta, les ressorts du cœur humain se brisèrent devant des droits usurpés : la superbe ignorance des nobles ne voulant point souffrir de supériorités en quoi que ce soit, enveloppa la nation de ténèbres; et l'on vit, ce

que tout le monde sait, des ressentimens
qui naquirent, furent étouffés, reparurent
et éclatèrent avec une force irrésistible au
moment de la révolution française.

Quiconque voudrait nier ces vérités de fait,
oublierait ou ignorerait que les événemens
politiques ressemblent exactement à une
chaîne dont les anneaux sont étroitement liés
ensemble. La cause d'un fait amène un autre
fait qui est sa conséquence. Les bouleversemens des états ne sont jamais le crime d'une
nation entière, mais d'une fraction de cette
nation, laquelle, à raison de son petit nombre,
doit commettre plus de fautes que la majorité.

L'orgueil engendre encore d'autres conséquences non moins pernicieuses. Ne pro-
duirait-il que celle de méconnaître les pouvoirs constitués, qui sont la source de l'é-
galité générale, lorsqu'ils réunissent les conditions déjà citées, il n'en faudrait pas
davantage pour ouvrir les yeux des législateurs. En France, durant bien des siècles,
l'orgueil s'était tellement glissé dans la classe
nobiliaire, qu'elle ne reconnaissait d'autre

juridiction que la sienne ; d'autre prépondérance justement acquise que celle dont elle
jouissait. On sait qu'elle était arrivée à ce
point d'insubordination, de mépriser le
pouvoir royal, et de s'attribuer le droit de
lui déclarer la guerre. Ce fut positivement
afin d'en réprimer les funestes effets, que
différens de nos rois prohibèrent le droit
qu'elle s'était arrogé de battre monnaie, de
guerroyer ; qu'ils créèrent le vote des impôts
par les états-généraux rassemblés, l'expédi-
tion des croisades, ainsi que plusieurs autres
règlemens d'utilité publique. Les établissemens de Saint-Louis avaient surtout ce
but (10). En consacrant des principes certains, des formes solides pour l'administration de la justice, ils atténuaient l'empire
des caprices des comtes et des barons, et
fondaient l'autorité royale sur des bases qui
ont produit depuis son extension.

Les empiétemens que les hauts seigneurs
cherchaient à exercer sur les attributions
royales, décèlent évidemment que l'orgueil
enfante l'ambition, non pas cette ambition

utile pour les états , qui provient des sciences , des arts et de l'industrie , mais de l'amour du désordre; ambition que je ne puis approuver , étant capable de porter à tous les crimes pour se satisfaire ; ambition différente de celle qui animait les barons anglo-normands , lesquels ne se séparèrent du roi qu'afin de suppléer des règles à des troubles perpétuels , qu'afin d'introduire dans la nation des principes qui l'ont élevée à un haut degré de gloire et de puissance.

En Angleterre , l'orgueil a pris une direction louable. Généralement parlant , il n'a point dévié , le ton et les manières de l'aristocratie n'entraînant que les désagrémens qu'on ne peut éviter dans un état où il y a d'immenses fortunes.

Qu'on fasse attention qu'il n'a pas été dans mon idée de confondre l'orgueil national avec l'orgueil de prétentions particulières. L'orgueil national est l'honneur d'un peuple : il fait sa politique, constitue sa force et affermit la durée de son existence. Cet orgueil a causé la prospérité de l'Angleterre ; il a eu pour résultat que cet état, si ingrat par son territoire, d'une dimension très-ordinaire, situé sous une température rigoureuse, a étendu les ramifications de son commerce dans les quatre continens, y a fait respecter son pavillon, enfin s'est élevé au plus haut degré de puissance. Aussi que ne doit-on pas faire pour exciter ce salutaire orgueil?

Par une bizarrerie singulière et qui appartient exclusivement aux mœurs françaises, il semble que chez nous cet orgueil se soit presque généralement porté vers la politesse, les bienséances et les dehors affectueux. Le Français est vain de son savoir faire en urbanité; il le dispute, il l'emporte sur tous les peuples de la terre. A un haut période de lumières, sous le règne de Louis XIV, il faisait consister son mérite dans ces qualités. La cour du roi était une école où tous les souverains du monde n'auraient pas été déplacés à venir prendre des leçons de politesse; et ses triomphes occupaient moins les gens de sa cour que les préparatifs de sa réception ou d'une fête à Marly. De nos jours encore, quoique nos mœurs aient contracté une teinte plus grave, on voit à Longchamps l'orgueil parisien défier en luxe, en belles manières, les riches étrangers des diverses nations qui y figurent.

Mais le gouvernement de Napoléon changea cette sorte d'orgueil national. Il eut le talent de s'en emparer; il le soumit à son esprit de conquête, lui communiqua de nouveaux élémens, le rendit grand, majestueux, magnanime et puissant comme lui. Alors l'orgueil national se dirigea vers les hauts faits d'armes : il devint militaire. Chaque armée avait l'audace des phalanges macédoniennes, le courage des légions romaines; chaque général était un Ephestion ou un Antipater; chaque soldat un Alexandre, qui, dans l'intrépidité de ses desseins, ne désespérait pas d'arriver au premier grade militaire, et de changer la face des états. O gloire des peuples qui avez assujéti tant de villes et de royaumes à vos triomphes ! vous êtes éclatante, sans doute; vous faites de grandes

réputations, vous créez de grands noms ;
vous enivrez les hommes d'une fumée qui
les transporte hors d'eux-mêmes. Mais vous
êtes encore loin de rendre une nation heureuse! votre gloire ne vaut pas cette gloire
modeste, mais solide dont se couvre le peuple qui a le bonheur de posséder de bonnes
institutions et d'entrer dans leur esprit!
Elle ne vaut pas la gloire de ce peuple
qui n'a pas besoin d'armée pour se mettre à l'abri d'une invasion étrangère, et
qui trouve des soldats prêts à mourir pour
la patrie dans tous les citoyens indistinctement.

C'est cette gloire qui semble s'élever aujourd'hui du sein de la société française.

Le moyen le plus efficace, sans contredit,
de s'opposer au débordement de l'orgueil
individuel, est d'édifier la société sur de
bonnes lois. J'ai donné une idée succincte ,
en commençant, de ce qu'elles sont. Les lois
accessoires, telles que celles qui inspirent la
frugalité, la tempérance, etc., etc., en
sont la suite. Jusqu'à un certain point il se-

rait nécessaire que le luxe fût prohibé ; car il est une des principales causes du vice social dont je parle. A la naissance de la république romaine, cette nécessité se fit si bien sentir, que Publius Publicola fut contraint à renverser sa maison qui l'emportait sur celles des autres particuliers en richesse et en élévation. Aux États-Unis, la demeure des premiers fonctionnaires publics ne diffère pas de celle des simples particuliers.

Cependant je commettrais une erreur grave, si je me dissimulais que lorsque l'orgueil a vieilli avec de vieilles institutions dans un royaume, il est très-difficile de l'en exclure. C'est principalement dans les sociétés qui s'affaissent sous le poids des siècles, qu'il exerce un empire d'autant plus pernicieux qu'il est absolu. Les vieux états de l'ancienne Asie avaient besoin, pour se régénérer, d'une innovation complète dans le régime de l'administration. Qui aurait osé cette innovation avec un peuple en proie à ses jouissances? Avec un peuple, je ne dis pas seulement luxurieux, mais lâche sur ses plus chers intérêts, qui devant les étendarts que développait l'insatiable ambition romaine, mettait sur pied des armées prodigieuses, qui ressemblaient elles-mêmes à un prodige, tant elles se laissaient vaincre avec facilité.

Infailliblement, on prodiguerait de nos jours l'épithète de révolutionnaire au citoyen vertueux qui eût dit à cette époque : « Con-« citoyens, nous n'avons qu'un moyen de « conserver la patrie, menacée d'être en-« vahie, subjugée par nos ennemis. Il faut « changer complètement notre système so-« cial. A ces vieilles lois qui ont perdu leur « force avec les siècles, substituons des lois « semblables à celles du peuple qui nous at-« taque; car ce sont elles qui ont produit « son immense prospérité. Tant que nous « continuerons à vivre sous le joug de l'or-« gueil, de l'indolence et du despotisme, « non seulement nous ne pourrons nous éle-« ver aux grandes choses; mais nous finirons « par n'être qu'une province conquise. Ce « ne serait pas le pire de nos maux, si dans

« la honte et la douleur de l'esclavage, nous
« trouvions assez de force pour nous en sor-
« tir. Mais nos mauvaises lois ont corrompu
« nos bonnes mœurs : nous n'avons plus
« celles du temps de Cyrus, et j'ai peur que
« notre nom soit rayé pour toujours du ta-
« bleau des nations. »

Toutefois, il est incontestable qu'il était
de nécessité que cette réforme fût proposée
et accueillie.

Eh bien ! dans les circonstances présentes, je me ferai un devoir de dire aux peuples qui ne sont pas entièrement corrompus.
« Corrigez les défauts qui s'opposent à votre
« bonheur. N'est-il pas préférable de pro-
« duire une innovation partielle, que de pé-
« rir par de vielles erreurs ? L'orgueil est le
« germe de l'inégalité politique ; c'est un ver
« rongeur : hâtez-vous de faire à votre cons-
« titution des changemens qui le détrui-
« sent, ou s'ils vous sont inutiles , modelez
« vos mœurs sur vos lois. »

CHAPITRE IV.

DE L'INTÉRÊT INDIVIDUEL.

L'INTÉRÊT individuel est une des passions qui divisent le plus les hommes en société. Lorsque leurs intérêts se croisent, ils se haïssent, se mésestiment. Ils ne portent jamais aussi loin l'indifférence et l'inimitié les uns à l'égard des autres, que quand les hauts intérêts de la société ne sont pas assez puissans pour qu'ils s'en occupent de préférence à leurs affaires privées.

L'intérêt particulier est comme un cercle qui rétrécit la vue du citoyen, et lui fait oublier pourquoi il est en société. Alors il concentre toutes ses affections, tous ses devoirs en lui-même : peu lui importe alors si les affaires de l'état vont bien ou non.

Aussi est-ce avec raison qu'un grand philosophe a dit : « Méfiez-vous de ceux-

là qui, dans un moment de crise, s'occupent spécialement de leur intérêt privé;
ils sont propres tout au plus à faire des esclaves ».

Aujourd'hui dans un certain état, on a
forcé les particuliers à s'occuper de l'administration publique, non pas qu'elle leur
soit avantageuse , mais parce qu'elle suit une
pente qui pourrait mettre en danger leurs
intérêts. Dans cet état, l'intérêt individuel
n'agit pas pour tous, mais uniquement pour
lui-même.

Il n'en est pas ainsi dans un pays où les
institutions politiques sont formées par le
concours de la volonté générale. Ces institutions sont un faisceau de tous les intérêts.
Il ne peut pas se faire qu'on ne s'y occupe
pas de l'intérêt public, puisque celui des particuliers y est lié. L'Angleterre, qui, malgré
cela, n'est pas à imiter en tous points, s'est
imbue de cette importante vérité, lorsqu'elle
a créé le système de sa dette publique. (11) Je
ne m'occuperai point spécialement de l'essence de cet établissement. Ce que je dois dire,

c'est qu'il a enchaîné toutes les fortunes particulières au maintien de la constitution.
Cette dette est une institution d'autant plus
utile, qu'elle est un contrat syllanagmatique consensuel par lequel les citoyens
anglais donnent leur fortune et leur confiance au gouvernement, qui s'engage à ne
pas en abuser ; s'il en abusait, il se perdrait :
il n'a donc qu'un moyen de se maintenir ,
c'est de se montrer fidèle à sa promesse.

En France, le gouvernement a bien une
banque sur laquelle une infinité de personnes spéculent. On pourrait dire qu'elle intéresse les particuliers à ce qu'il a consacré.
Cependant je n'y vois pas, comme en Angleterre, une fusion, une commixtion de
tous les intérêts. L'origine de la dette anglaise date de ses sacrifices patriotiques ; elle
date du moment où les habitans de ce pays
ont dit au gouvernement : « Tenez, voilà
nos fonds, employez-les à nous tirer de l'embarras où nous jettent nos ennemis ; rendez-
nous puissans. » En France, l'établissement
de la banque date, au contraire, de l'époque

à laquelle le gouvernement est devenu le plus égoïste. Ce n'est pas lorsque la liberté a fleuri qu'il est né ; c'est lorsqu'il l'a le plus comprimée (12). Cet établissement est né aussi des spéculations intéressées des individus. Il n'est pas patriotique, puisque, s'il offre des avantages, ils sont tous pour les riches et le gouvernement.

Si je pouvais m'exprimer ainsi, je dirais que les constitutions des états doivent représenter la divinité sur la terre. Répandre des bienfaits, inspirer des sentimens de fraternité, voilà leur grand but, leur unique objet. En opérant ces heureux résultats, les intérêts privés seraient comme les rayons épars d'un grand cercle, qui serait lui-même l'intérêt général.

Je ne sache pas que rien doive inspirer autant de confiance dans la probité d'un peuple, que le sacrifice qu'il fait de ses avantages privés à l'avantage général. Dès que par honneur il fait le sacrifice des premiers, il est certainement plus porté à sacrifier les seconds, son importance politique et ses

relations commerciales s'y trouvant intéressées.

Les intérêts qui naissent du même principe (la prospérité commune) sont étendus
et uniformes; ils se croisent moins, et fleu-
rissent davantage. C'est l'intérêt privé qui
a de tout temps fait deux partis dans une
nation. Il l'a divisée en riches et en pauvres, en nobles et en roturiers. Les distinctions ne vont pas sans les priviléges, et
ceux-ci sans intérêts. L'état d'hostilité entre
les hommes est né de la désunion des spéculations. La société a été fondée pour en
éviter les inconvéniens, et elle est troublée
parce que ces inconvéniens se sont renou-
velés. Dans ce cas, il n'y a donc que les
lois qui soient capables de convertir les
mœurs publiques. Je ne demande pas d'autre
preuve de cela que ce qui a lieu dans les pays
où la volonté individuelle des hommes et la
participation de leur liberté ont créé des
institutions. Ces pays sont ceux où il y a
le plus de civisme, ceux où tous les citoyens
ont des intérêts identiques et communs.

La politique des gouvernemens purement fondés sur des intérêts commerciaux, n'a pas toujours réuni l'intérêt général. Le royaume de Portugal a été florissant ; il a eu d'importans établissemens aux Indes. Mais il lui manquait le lien politique pour les faire exister long-temps, ce lien qui soutient admirablement les Anglais dans leurs possessions et comptoirs étrangers. Chaque commandant était un agent de ses intérêts privés, et non un agent de ceux de son gouvernement. On sait comment ont fini les brillantes expéditions d'Albulkerque (13).

La république de Carthage, mise à part, son insigne mauvaise foi relativement aux étrangers, était, sous le rapport des intérêts commerciaux, l'état le plus parfait. Elle s'était approprié toutes les affections des citoyens et en disposait au milieu des spéculations commerciales, le plus avantageusement pour l'intérêt public. Tite-Live, qui n'a pas coutume de louer les peuples rivaux de Rome, fait un tableau des sacrifices que les Carthaginois ont éprouvés durant la guerre

punique, propre à inspirer l'admiration.
Est-il étonnant qu'ils aient si noblement riva-
lisé avec ces fiers Romains qui sont devenus,
par la suite, les maîtres du monde? Aristote
nous apprend qu'il estimait la constitution
carthaginoise la plus esquisse du monde (14).
Malgré cela, qu'il me soit permis d'émettre,
à cet égard, mon opinion particulière, afin
de démontrer qu'il n'est point de si bonne
constitution qui n'écroule, lorsque l'aristocratie y devient trop influente. Hannon,
en s'opposant aux justes entreprises d'Anni-
bal, a perdu sa patrie. La richesse et la puissance sont un état de tranquillité à laquelle
l'industrie progressive des peuples ne nous
a pas donné d'atteindre (15).

J'avouerai volontiers qu'il faut une aisance
assez générale dans toutes les classes, pour
que le sacrifice des intérêts particuliers soit
fait à l'intérêt public; car la première loi est
celle de notre conservation. Dès que nous
avons peine à suffire à nous-mêmes, à plus
forte raison devons-nous manquer aux autres. Mais malheureusement, on ne le voit

que trop, les hommes les plus opulens sont ceux qui s'occupent le moins de leurs semblables. Dans les fêtes qu'ils se donnent, parmi l'abondance et la satisfaction des jouissances les plus superflues, ils oublient qu'il existe en ce moment des êtres privés du strict nécessaire. A quoi sert donc cette classe prépondérante dont on vante l'utilité dans la société? Si elle ne sait que vivre aux dépens d'autrui, si elle augmente la multiplicité des malheureux, au lieu d'en diminuer le nombre, elle est donc oisive, prolétaire, pernicieuse et destructive d'un état. Je conçois que voilà une vérité offensante pour plus d'un grand. Mais qu'il mette la main sur sa conscience, qu'il interroge le fond de son cœur, et il sentira que ma juste indignation est le résultat d'un sentiment honorable, et seulement fait pour irriter ceux qui ont des reproches à se faire. Je dirai, à ce sujet, que dans toute l'histoire de notre révolution, je ne connais point de citoyens plus recommandables que ces descendans des plus antiques familles de France, qui, dans la contemplation des misères où vivait une grande partie de ce qu'on appelait *tiers-état*, ont immolé sur l'autel de la patrie leurs immenses prérogatives. Je les admire sans doute, ces honorables citoyens qui ont ainsi donné l'exemple de notre régénération civique. Mais je voudrais que, profondément pénétrés des sacrifices faits, ils n'eussent pas renié leur conduite passée, et qu'ils y eussent persévéré, à l'exemple du duc de Larochefoucault-Liancourt, ce vénérable patriarche de la liberté que *j'aime* (16). L'honnête homme, celui qui agit toujours par des motifs raisonnables, quelle que soit l'opinion qu'aient de lui ses semblables, agit et persévère. Tôt ou tard les circonstances forcent l'injustice au néant, et il apparaît avec toute la considération que lui méritent ses vertus. Vous les voyez ces sages qui ont préféré affronter les orages de notre révolution, qui, dans le délire où vivaient les imaginations, ont mis le salut public avant leur conservation particulière, porter encore aujourd'hui le même caractère au milieu de la société. N'ayant pas fait de mal à une époque où il était aisé de le faire involontairement, ayant fait le bien qui était en leur pouvoir, ils devraient être à l'abri des soupçons et des invectives dont on les couvre. Mais la vie d'un homme est comme celle des états : elle doit être toujours agitée. Si l'homme est fort de sa conscience, il résistera à toutes les tempêtes, la raison, qui est une souveraine loi pour lui, lui commandant de rester inébranlable. Vérité consolante dans le monde, et qui devrait frapper tous les êtres qui veulent jouir du bonheur, et le faire goûter aux autres !

Aujourd'hui en France, je suis forcé de le dire, comment la prospérité publique serait-elle l'objet des soins les plus assidus ? La garde nationale, qui, pour me servir d'une expression royale, est le *dépôt des garanties publiques*, est dédaignée au point de n'être plus convoquée (17). Il semble qu'on ait pris à tâche de diviser les citoyens qui trouvaient, dans l'organisation de cette garde, des motifs de s'unir et de s'entendre sur leurs plus chers intérêts. Et, cependant, était-il une institution plus propre à leur apprendre que l'homme en société se doit à tous ses semblables? Les anciens avaient pénétré la force de cette maxime, lorsqu'ils livraient la conservation des intérêts publics aux mains les plus intéressées à les défendre. C'est incontestable; un des travaux les plus importans du législateur doit être de s'attacher à désintéresser les hommes des choses particulières, c'est-à-dire qu'il doit leur souffler cet amour patriotique qui voit le principal et non l'accessoire dans un état. Il faudrait qu'il tâchât de faire de tous ses concitoyens autant de Fabius. Il en résulterait, que s'il est dans la nature d'une société de ne posséder qu'une tranquillité relative, au moins tous les membres de cette même société seraient en bonne intelligence sur l'accomplissement de leurs devoirs.

En établissant que tous les hommes ont un avantage positif à ce que l'intérêt privé le cède à l'intérêt général, il en résulte que si dans un état toutes les règles ne concourent pas à affectionner, à enchaîner, pour ainsi dire, les citoyens à l'administration publique, ils s'occuperont par préférence de leurs affaires privées. Ainsi, je ne puis donc approuver en France, régie d'après les formes représentatives, le nouveau système électif. Par cela qu'il multiplie les conditions exigées, par cela qu'il divise les élections en grand collége et en petit collége, il éloigne les Français des soins naturels qu'ils doivent porter aux affaires publiques; il les contraint à se renfermer dans leurs familles, où le cadre des devoirs politiques diminue, et où conséquemment l'empire de l'intérêt privé devient absolu.

Si, lors de la discussion, quelqu'un avait tenu ce discours que je ne sache pas avoir été prononcé, qu'aurait-on répondu?

« Vous voulez changer la loi des élections » qui nous régit; vous le voulez dans l'inté- » rêt de l'état. Cependant, au lieu de faire » le bien de l'état, vous consommez sa perte; » au lieu d'en bannir pour toujours les ex- » cès démagogiques, vous les appelez. Et

» en effet, qui rend un état heureux, si ce
» n'est la confiance que les citoyens ont la
» facilité d'accorder aux défenseurs de leurs
» droits ; si ce n'est, en un mot, le sacrifice
» de l'intérêt privé à l'intérêt universel?
» C'est là ce qui détruit les principes anar-
» chiques. Ils naissent d'un état de besoin,
» et jamais d'un état de satisfaction. Or,
» dans les circonstances présentes, l'état de
» besoin vient de ce que le système qui of-
» frait le plus de garanties sera vicié ; il vient
» de ce que, dans les élections, le principe
» de l'inégalité de fait sera substitué à celui
» de l'égalité de droit. »

On n'eût pas manqué, à coup sûr, d'argumenter sur cette démonstration palpable
pour ceux qui ont une conscience et des
notions suffisantes en politique. Mais l'essentiel n'eût pas été d'argumenter, car rien
n'est plus aisé ; mais il aurait fallu renverser
ces raisonnemens péremptoires.

Je ne connais point de constitution qui
ait mieux compensé tous les intérêts que
celle de 91 , si on en excepte la constitution

des États-Unis d'Amérique, que je regarde
comme un chef-d'œuvre sous ce rapport.
Les constitutions d'Athènes et de Rome
leur étaient fort inférieures. La première
n'avait pas un caractère assez décidé et portait du vague avec elle ; la seconde était em-
preinte de quelques taches d'aristocratie qui
ont été l'origine des luttes continuelles entre
les différens ordres de l'état, et ont fini par
causer la ruine totale du gouvernement républicain.

A Venise on avait trouvé un singulier ex-
pédient pour corriger l'aristocratie de son
intérêt privé. Comme elle était avare à l'extrême, et que, dans tout, elle ne consultait
que son avantage, on avait imaginé de créer
de nombreux établissemens de courtisanes
qui la mettaient dans le cas de répandre au
dehors ses immenses richesses. Ce fait montre
le moyen honteux auquel on avait recours
afin de modifier les vices du gouvernement.
Nécessairement, la débauche, l'excessive
corruption des mœurs sera toujours la com-
pagne de l'excessive disproportion des fortunes.

L'esprit de secte a d'abord commencé par l'intérêt privé; l'inégalité n'en a été que la suite. Lorsque les prêtres de Memphis enveloppaient leur science de mystères impénétrables au reste des Égyptiens, ils avaient en vue l'agrandissement de leur fortune, la considération et leur élévation. L'igorance étant infaillible pour les produire, ils eurent l'adroite politique de s'emparer de toutes les connaissances essentielles, et de n'en laisser percer que ce qu'ils ne pouvaient dérober à la curiosité humaine. Cette ambition sans bornes devait envahir tout. C'est pourquoi nous voyons les prêtres égyptiens composer un sénat chargé de l'éducation des rois, et conservant encore à la mort de ces mêmes rois assez d'influence sur le peuple appelé à juger de leurs actions, pour le déterminer à prononcer, ou à refuser la sépulture.

A partir des âges les plus reculés jusqu'à présent, je considère les corporations, les sectes, les couvens, comme des institutions éminemment nuisibles au bien de l'humanité, en ce qu'ils ont toujours porté avec eux un principe d'exclusion. Je n'ai jamais blâmé dans la religion chrétienne que les formes avec lesquelles elle est administrée. Ce sont ces formes qui ont suscité dans son sein tant de divorces qui l'ont affaiblie et persécutée à certaines époques; ce sont elles qui ont corrompu la morale primitive de l'Evangile, en la convertissant en une morale de sectaires, tandis qu'elle est la morale du genre humain. Elle règne en Europe, en Asie, en Afrique et en Amérique, dans le cœur de tous les gens honnêtes, même chez les peuplades de sauvages qui, d'après les relations des voyageurs, portent dans leurs migrations continuelles des principes d'équité. Aussi n'hésité-je pas à le dire : l'Evangile est un livre divin, sorti des mains d'un être au-dessus des faiblesses humaines, et fait, par la prééminence de ses vertus, pour les racheter toutes. Il n'est point de code qui renferme des principes plus exemplaires, plus opposés aux intérêts spéciaux que ceux-ci :

» J'appelle dans le royaume des cieux les

grands comme les petits, les pauvres comme les riches. » L'amour que le divin auteur de ce livre admirable faisait éclater pour l'avantage public, résulte de ce que son crime était d'*instruire* le peuple et de le disposer à une *amélioration politique*. « Il soulève le peuple par la doctrine qu'il répand dans toute la Judée. (St. Luc, chap. 23.) » Aussi les *honnêtes gens* lui reprochaient-ils ses doctrines perverses, séditieuses, libérales. « Voici un homme que nous avons trouvé pervertissant notre nation. » (*Idem.*) Et les agens provocateurs ne manquèrent point au jugement de l'Homme-Dieu. « Comme ils ne cherchaient que les occasions de le perdre, ils lui envoyèrent des personnes apostées, qui contrefaisaient les gens de bien, afin de le surprendre dans ses paroles, afin de le livrer au magistrat et au pouvoir du gouvernement. » (*Id.*, chap. 20.) Enfin, le fils de Dieu fut condamné par acclamation par les pontifes et les patriciens. Lui et sa doctrine n'avaient pour eux que le tiers-état dont il avait embrassé la défense des intérêts (18).

Les disputes dogmatiques, ces niaiseries qui ont fait verser des flots de sang, et engendré tant de proscriptions, tirèrent pareillement leur origine de l'intérêt privé (19). S'il en eût été différemment, les ordres qui combattaient pour ou contre le *pouvoir prochain* et *la grâce efficace*, auraient immolé leur ridicule opiniâtreté à l'intérêt public, long-temps troublé par leurs querelles.

On n'aurait pas vu un ordre religieux ériger en obligation l'exécution des principes les plus épouvantables, dans le dessein de forcer les rois de France à se montrer fidèles à favoriser ses prétentions.

On n'aurait pas vu cet ordre expulsé de France, ne cesser de comploter, jusqu'à ce qu'il y soit rentré, pour y prêcher de nouveau les doctrines malheureuses qui avaient causé son expulsion.

En passant de l'esprit des ordres religieux à celui des ordres judiciaires, je me ferai un devoir d'exprimer que, parmi ces derniers, les anciens parlemens ont quelquefois déployé une popularité qui fait assez connaître qu'ils avaient pénétré la nature des intérêts publics; mais, par malheur, ce beau zèle n'a pas été général de leur part. Ils ont quelquefois montré des faiblesses et oublié qu'ils étaient les dépositaires des antiques franchises de la nation. Les noms des Laffémas et des Laubardemont résonnent mal à côté de ceux d'un Bellièvre, d'un Talon, d'un Séguier et d'un d'Aguesseau.

Incontestablement, s'il existe un malheur pour les hommes, un malheur impossible à calculer, c'est lorsque l'intérêt privé, les préventions et les passions particulières président aux décisions de la justice. Alors le droit de propriété, la sûreté personnelle ne sont que de vaines formules qui plongent dans l'indigence ou dans les cachots ceux qui ont la crédulité d'y croire. Les anciennes cours de justice, présidées par les comtes et les barons, étaient des ateliers d'anarchie, de crimes et de scélératesse. L'administration de la justice s'y réglait sur les caprices, les préjugés et l'intérêt des juges. Or, on sait quels ils étaient; on sait quelle justice devait espérer de son suzerain, un vassal qui était en litige avec lui. Les troubles qui ont dévoré la France durant deux siècles, fournissent une idée de l'iniquité judiciaire de ce temps-là.

Les criantes injustices des ordres judiciaires commencèrent à cesser, quand les hommes de loi, pris dans le sein de cette classe, qui aspirait après le bonheur général, eurent été admis dans les établissemens de justice. Plus instruits que ceux qui étaient en possession de la magistrature, ils y entraient débarrassés du joug des préjugés, et persuadés que les gens de *pote et d'héritage*, assimilés aux bêtes qui allaient au pâturage, méritaient une intacte justice aussi bien que la noblesse.

Jusqu'au moment de la révolution, ce qui établit combien l'intérêt privé l'emportait sur l'intérêt de tous dans la distribution de la justice, c'est le dédale inextricable des formes judiciaires. Un savant jurisconsulte dauphinois (20) rapporte qu'une contestation sur la propriété d'un arbre, couta aux contendans la modique somme de dix mille

francs. Les gens de pratique, dans leurs re-
poussantes spéculations, n'étaient-ils pas
faits pour manger tout vifs les plaideurs?

Eh! il arrive quelquefois de demander
quels avantages sont sortis de la révolution?
quels avantages! ceux d'avoir simplifié les
difficultés incalculables d'une procédure longue et ruineuse, d'avoir substitué aux différentes jurisprudences du royaume une jurisprudence uniforme, applicable aux besoins et aux droits des Français; ceux d'a-
voir produit un code que la majeure partie
des peuples dépendans de nos prospérités
passées ont rendu indigène, et qui est devenu un objet d'admiration pour ceux que
des considérations politiques empêchent de
l'adopter (21).

Chez nos voisins d'Angleterre, la façon de
rendre la justice met obstacle aux inconvéniens de l'esprit d'exclusion. Le jury est une
institution populaire dans son essence et dans
ses formes; il y exerce son influence au civil
comme au criminel, et les juges proprement
dits, ceux qui vont de comté en comté, soutien

trop petit nombre pour y faire une corporation dont les intérêts privés causent ombrage à l'état.

Ce qui pourrait arriver de plus malheureux, ce serait que l'hérédité fût admise dans les fonctions de la magistrature. Ce serait bien là la naissance et l'esprit que l'on doit éviter.

Ce chapitre sera terminé par cette réflexion, tirée des lois persanes. Elles ne permettaient à aucun Perse de borner le motif de ses sacrifices à un intérêt domestique et privé. « Belle manière, dit Rollin, d'attacher les citoyens au bien public, que de leur apprendre qu'ils ne doivent pas sacrifier pour eux seuls ; mais pour le roi et pour l'état, où chacun se trouvait avec les autres. »

CHAPITRE V.

DE L'ATTACHEMENT AUX PRÉJUGÉS.

En passant de l'intérêt privé à l'attachement aux préjugés, je fais une transition naturelle; car les corporations qui agissent par intérêt spécial, ont recours aux préjugés pour légitimer leur conduite. Il semble que les erreurs enfantent les erreurs, malgré les combats continuels que la société ait livrés pour les détruire.

Qu'est-ce que les préjugés? Définissonsles exactement.

Les préjugés sont, en politique, des espèces de vapeurs qui obscurcissent l'esprit en le faisant aller de travers, ou, en d'autres termes, ce sont de faux jugemens résultant de l'intérêt ou de l'éducation. Je compare ceux qui en sont possédés à Polichinelle, qui a une conformation et des habitudes au rebours de celles du genre humain (22).

On a dit que les préjugés naissaient avec les hommes. On a dit aussi, c'est M. de Bonald, que le plus sot des préjugés était de vouloir les détruire tous. On a dit encore que les préjugés étaient nécessaires à la sûreté de la société.

Sur la première de ces propositions, rien n'est plus erroné que d'admettre que les hommes naissent avec des préjugés, nécessaires, attachés à leur condition. Cette opinion diffère peu de celle des philosophes qui ont avancé que l'homme venait au monde plus enclin au mal qu'au bien. La différence n'aurait pas besoin d'explication, si l'on n'avait pas ajouté que les préjugés étaient nécessaires à la conservation de la société. Les préjugés sont des maux et des maux extrêmement graves dans un état; la preuve en est qu'ils tendent à la désunion, et à une désunion progressive et sans fin.

Nous naissons si peu avec des préjugés, qu'ils ne sont pas des idées innées, mais des idées acquises, contractées dans les communications établies entre nous et nos semblables ; car le préjugé ne peut être avant les faux jugemens que cet état de communication nous apprend à porter.

La démonstration de cette opinion dérive de ce que dans l'état de nature, où la seule distinction connue est la force physique, les préjugés sociaux sont inconnus ; ils ne serviraient même à rien au milieu des guerres et des migrations continuelles, puisque l'intérêt seul a pu les faire admettre.

Les différentes sectes qui ont existé, se seraient repenties de n'avoir pas tiré un grand parti de ce que les préjugés nous prennent aux portes de la vie et nous conduisent à celles de la mort. Elles ont introduit ce sentiment, afin de légitimer, en quelque sorte, l'empire de la superstition, qui a été si propice à leurs terribles usurpations.

Le système mythologique de tous les peuples de la terre en est la conséquence.

Les prêtres se sont emparés des faiblesses des hommes, de leurs peurs paniques, et ils ont créé des fantômes et des absurdités, c'est-à-dire des dieux méchans et vindicatifs ;

des dieux plutôt esclaves des misérables passions humaines, que créateurs de la vertu.

Je vois bien dans cette conduite l'origine du préjugé ou de la superstition, mais on ne me fera pas concevoir qu'il soit avantageux à la société.

Autrefois il a été possible de confondre le préjugé avec la superstition. Aujourd'hui les découvertes en astronomie, en physique et en chimie, ne le permettent plus. Si elles avaient été faites plus tôt, il est certain que les prodiges chimériques qui ont long-temps consacré l'aveugle superstition, étant regardés comme des conséquences nécessaires de la nature existante, auraient entraîné moins de faux jugemens, et qu'on n'aurait point attribué à un événement un prestige qu'il ne méritait pas, et aux hommes une idolâtrie qui a enfanté les préjugés de la naissance.

La plus forte epreuve que les préjugés ne naissent point avec l'homme, c'est qu'ils dégradent son intelligence, et qu'ils ne sont pas nécessaires à sa conservation : ils lui nuisent, puisqu'ils l'isolent de la condition sociable pour laquelle il a été fait.

Partant, c'est donc un axiome sans conséquence ou dangereux de soutenir que *le plus sot des préjugés est de vouloir les détruire tous*. Il ne peut pas se faire qu'il ne soit pas dangereux, ayant pour résultat d'empêcher l'homme de se dégager des entraves qui s'opposent à sa liberté. Certes, celui qui guérirait la société de tous les préjugés qui l'affligent comme une plaie, entreprendrait la tâche la plus honorable. L'impossibilité ne serait point dans la nature de l'homme et de son semblable, mais dans leur volonté respective. C'est la volonté ou le défaut de volonté qui a perdu la société jusqu'ici. « *Maximum imperium suis cupidatibus im-* « *perare*, a dit Sénèque ».

J'aurais lieu de m'étonner que l'axiome de M. de Bonald ait obtenu toute la faveur d'une idée forte et nouvelle dans quelques ouvrages modernes, s'il ne faisait connaître la passion dont étaient animés les auteurs.

Si les préjugés pouvaient rendre l'homme heureux, ce serait plus qu'une *sottise* de vouloir les détruire, ce serait un crime impardonnable. Mais ce sont eux précisément qui causent ses chagrins, sa misère, son esclavage.

Une observation à faire, c'est qu'assez communément les hommes les plus intéressés à les défendre, sont ceux qui en ont le plus en apparence, et le moins en réalité. Voilà pourquoi Caton ne concevait pas comment un aruspice pût en regarder un autre sans rire. C'est aussi la raison pour laquelle les ministres de beaucoup de cultes affirment en public, d'un grand sérieux, ce qu'ils nient intérieurement.

Les préjugés ont cela de particulier que, reposant sur des erreurs, il faut les détruire toutes, et ne pas en laisser subsister une seule; car tant qu'une erreur consacrée par le temps et par les usages existera, il y aura toujours de nouveaux élémens à l'ignorance, à la superstition et à la tyrannie (23).

Ce qu'on ne veut pas qui soit de la part des hommes, sera fait par les sciences. Si aucun événement ne s'y oppose, elles opéreront un tel changement dans l'esprit humain, que la vérité sera patente pour tous, parce que les principes des sciences deviendront d'une nécessité si absolue qu'ils seront populaires. C'est là, peut-être, ce degré de perfectibilité dont Condorcet a parlé, et contre lequel on a beaucoup clabaudé sans le comprendre (24). On voit déjà ce qui peut arriver par les progrès de notre industrie.

Actuellement l'ignorance n'est pas la cause directe de la foule de préjugés qui désolent la société. Ainsi que je l'ai dit, ils résultent bien de l'éducation, mais jusqu'à un certain point ils ont été maintenus par les variations multipliées qui se sont succédées dans nos législations depuis trente ans. Dès que rien ne paraissait assuré, l'espoir ramenait vers les temps qui satisfaisaient le plus nos penchans naturels; et l'on ne concevait pas la nécessité qu'il y avait à détruire une erreur qui pouvait servir un jour. De là, la con-

firmation des diverses classifications de la
société; de là, les priviléges qui leur sont ac-
cordés; de là, enfin, l'oubli d'un principe
que l'on ne saurait trop répéter, c'est que les
hommes sont nés égaux, frères et sans préjugés, et qu'ils se rendent coupables de la
plus insigne lâcheté, du plus grand crime,
en concourant, soit par faiblesse, soit par
crainte, soit par ignorance, à consacrer le
contraire.

Je voudrais que l'on pût se pénétrer que
l'esprit de routine a entretenu jusqu'à la révolution les abus qui faisaient des grands une
espèce d'êtres privilégiés; qu'il a entretenu
et perpétué les ténèbres, sous le prétexte
encore adopté de nos jours, qu'il n'est pas
possible de mieux faire que ce qui a été fait
par nos pères; idée dont on faisait une loi
par ces mots, aussi barbares que ridicules :
ipse dixit.

Chez les républiques anciennes, les préjugés parcouraient un espace plus rétréci.
La superstition était leur aliment principal;
et s'ils se glissaient quelquefois dans l'ad-

ministration, ils y exerçaient des effets passagers et détruits avec le temps.

Encore ne pourrait-on pas dire que la superstition y ait tourné au profit d'une classe simplement. La profession sacerdotale, qui aurait été le plus intéressée à ce que la superstition jouît d'un empire exclusif, n'était pas assez séparée des autres professions pour qu'elle pût lui donner la direction qu'elle a obtenue dans les états modernes. Aussi ne voyons-nous pas qu'elle y ait exercé des abus, tels que ceux qui excluent de certaines fonctions, des personnes auxquelles l'ancienneté de la naissance n'a pas été dévolue par le hasard (25). On a encore dû examiner que la naissance servait à bien moins que de nos jours, même pour le sacerdoce. Ce sont les raisons pour lesquelles la Grèce se moqua de Philippe, qui, dans un repas, voulait se faire passer pour un dieu; et que l'on trouva petit de la part d'Alexandre-le-Grand, de renier sa descendance mortelle pour usurper une origine divine. Dans ce cas-là, le fils du roi de

Macédoine était supérieur au fils de Jupiter.

Le Créateur a pourtant donné une forte leçon à l'homme, qui devrait le détourner du sot préjugé de recevoir vanité de sa naissance. *Il l'a tiré du limon de la terre.* L'origine de tous est donc commune; le plus ou moins de considération n'est donc que le résultat des qualités personnelles qui sont le domaine de l'individu : c'est pourquoi l'antiquité ne demandait pas quels étaient les aïeux de Socrate. Dieu lui avait donné une noblesse, qui était certainement au-dessus de celle qu'il aurait pu tenir de ses ancêtres.

Les aïeux de Jésus-Christ étaient Joseph et Marie; ceux de Néron étaient Domitius OEnobarbus et Agrippine, de la race des Césars.

Si les préjugés n'avaient pas érigé la persécution en droit, ils auraient seulement produit des abus généraux, qui auraient tôt ou tard détruit imperceptiblement une nation, comme le ver rongeur qui coupe peu à peu l'arbre par moitié.

Galilée n'aurait pas été jeté à 90 ans en prison (26), et Descartes obligé à s'expatrier en Suède, où une grande reine philosophe, en lui accordant une généreuse hospitalité, fit l'apologie du persécuté et la critique de ses ennemis.

Hommes! quand finirez-vous de vous persécuter? C'est donc là toujours la question qu'il faut adresser. Elle est aussi nouvelle que lorsqu'elle fut prononcée pour la première fois. Pourquoi cela? C'est qu'ils ne sont guère plus avancés dans la parfaite connaissance des lois. Si les sciences n'étaient pas venues à leur secours, ils vivraient encore au milieu d'un dédale inextricable de lois et de formules plus divergentes les unes que les autres. Les scènes les plus déplorables se renouvelleraient avec les passions plus ardentes que jamais. Mais les progrès de l'industrie sont l'espoir le plus consolant pour un véritable ami de son pays. Ils forceront les préjugés à s'enfoncer dans l'abîme, et les institutions politiques à abandonner leur état stationnaire, pour suivre l'impulsion entraînante donnée par les progrès toujours croissans de l'esprit humain (27). En effet, les lois et l'industrie ont un mouvement de rotation absolument identique. Dès que les premières ne peuvent empêcher les manufactures de fleurir, les sciences d'engendrer de nouvelles découvertes, il est de toute nécessité qu'elles se soumettent à cette ascension.

Croirait-on qu'il y a eu des pays où les préjugés étaient portés si loin, qu'on ne voulait pas y admettre les étrangers? A peine connut-on les bienfaits que ces étrangers apportaient, qu'on se repentit des difficultés qu'on leur avait fait éprouver. Tous les ports furent ouverts : les villes à leur choix leur étaient assignées comme résidence. Ceci arrivera chez toute personne qui ne sera pas intéressée au maintien des préjugés. Aussitôt que la vérité lui sera connue, elle ne voudra plus entendre parler de l'erreur; car la vérité procure à l'âme un état de satisfaction supérieur aux autres sensations.

Le premier qui parla de la découverte du Nouveau-Monde fut traité de fou. Les préjugés du temps excluaient l'idée qu'il pût exister d'autre partie que l'Europe, l'Asie et l'Afrique. Qu'on juge ce qu'ils peuvent produire par la somme des immenses avantages dont ils auraient privé le monde, si la persévérance d'un grand homme ne les avait fait fléchir sous le poids de sa raison. A dater de cette époque, les préjugés commencèrent à se déraciner, les idées de commerce furent reçues, une révolution s'opéra dans les mœurs, et amena une heureuse aisance dans le sein de plusieurs nations.

Pourquoi faut-il que les préjugés aient encore désolé cette terre-vierge? qu'ils y aient répandu l'épouvante et la mort, comme s'ils ne lui avaient pas été déjà assez hostiles, en s'opposant à ce que la découverte en fût faite?

Ce serait, sans doute, une idée riante pour un ami de l'humanité, s'il pouvait penser que les belles contrées méridionales de l'Amérique puissent jouir enfin, sous la

protection d'un bon gouvernement, du repos et de la félicité dont elles ont été privées
durant tant de siècles! Mais, par malheur,
les résistances faites à la république de Colombie (28), renversent ces espérances. Un
préjugé toujours plus puissant que la raison,
fait que certains gouvernemens veulent établir un droit d'intervention, par lequel ils
seraient appelés à juger des volontés particulières à chaque état, comme si ce droit de
compression n'était pas un droit de désordre
et d'anarchie, non susceptible d'être approprié au principe de la conservation spéciale
d'un état, puisqu'il s'agit d'une république
constituée à deux mille lieues, et qui, par
ses rapports commerciaux, peut leur être
d'une grande utilité.

Je le prévois, si ces doctrines perturbatrices ne cessent pas bientôt, c'en est fait
du droit des gens des nations. Les injustices
de gouvernement à gouvernement, trouve-
ront toujours le moyen de sanctifier leurs
déclarations de guerre. La paix publique
ne sera plus qu'un mot, dont la signification

sera changée à bon plaisir (29). Elle voudra dire dans le langage des cabinets européens, que tel peuple qui ne fera pas ce que souhaite son voisin, est un peuple dangereux contre lequel il faut porter les armes, quelques sacrifices qui en puissent résulter pour l'agresseur.

Hélas! que de maux entraînera la propagation d'une semblable doctrine, inconnue des peuples de l'antiquité! car les guerres qu'ils se faisaient ne dérivaient pas du droit d'intervention. Elles pouvaient avoir pour cause une injustice, quelque criante qu'elle fût, pour but l'ambition des conquêtes ; mais elles ne se cachaient pas sous le voile de la bonne foi, et sous le prétexte apparent de se préserver de grands maux, en allant rétablir la paix dans un pays où elle n'était point troublée.

Mais revenant à mon sujet, et passant des principes généraux à une application particulière, je dirai que pour l'homme, le bonheur domestique le plus assuré dont il puisse jouir, est de fouler aux pieds les ab-

surdes coutumes, l'esprit de routine, enfin,
tout ce qui tient aux préjugés. Lorsque armé
de sa conscience, il peut s'avouer secrète-
ment qu'il est exempt de tout reproche, les
clabauderies des sots et des ignorans ne doivent être rien pour lui : il doit posséder
tout ce qui est nécessaire pour braver l'u-
nivers.

Si, en se sacrifiant à l'opinion de ses semblables, on pouvait recevoir quelques dé-
dommagemens, cette faiblesse par laquelle
nous chercherions à leur plaire, aurait quelque chose d'excusable. Mais les préjugés
enfantent des monstres en tracesserie et en
méchanceté. Plus on s'immole à eux, moins
ils vous en savent gré, plus, au contraire,
ils s'attachent à vous persécuter. Ils ressemblent à une armée de lâches, à qui il faut
faire bonne contenance pour leur faire perdre pied. Personne n'a mieux agi que le philosophe Bias, qui disait : *Omnia mecum
porto*, ce qui signifiait, sans doute, dans son
langage : « Je suis ferme, et je suis heureux. Je suis indépendant des préjus gémé-

chans des hommes; mon cœur fait le bien sans les consulter : voilà ma fortune; je suis heureux. »

Les préjugés ont commis non moins de crimes que le mauvais naturel de l'homme. On leur doit les infanticides, les établissemens de prostitution, et quantité d'autres mauvaises actions. En ne voulant pas pardonner des faiblesses occasionées par son organisation physique, ils l'ont souvent réduit à avoir recours aux moyens homicides ou à d'autres expédiens, afin de se soustraire aux châtimens moraux, et plus souvent encore à couvrir une légère erreur par une erreur très-grave.

Un faux rigorisme a persuadé, malheureusement, qu'il faut un rien pour perdre l'homme en société; tandis qu'il faut une infinité de fautes pour lui attirer l'animadversion d'un Dieu équitable et bienfaisant. L'indulgence n'est pas une faute, comme on le pense inconsidérément (50); elle n'est même pas une faiblesse : elle est souvent le résultat d'une raison éclairée sur l'origine et la suite des passions qui accompagnent l'homme en société. Quand ces passions ne portent point atteinte au tout général, elles appellent à leur secours, non pas les préjugés, capables alors de les convertir en crime, mais la sensibilité et l'indulgence. Le Dieu-Homme n'interdit pas le royaume de son père à ceux qui ont commis le plus de fautes. Il a, au contraire, pour eux, un cœur paternel qui s'ouvre sur le bien qu'ils ont pu faire, et le compense avec les maux qu'ils ont commis. Lorsqu'un si éclatant exemple nous est fourni, je le demande, quels sont ceux qui soient dans le cas de s'avouer assez éclairés pour fulminer des condamnations? Quels sont ceux qui ne perdent pas de vue alors que le sauveur des hommes, durant sa vie, malgré la chasteté de ses actions, le prix inestimable de ses sacrifices, n'a pu réunir l'assentiment de tous les habitans de la Judée? tant il est vrai que l'on devrait être infiniment réservé dans les jugemens que l'on porte sur la plus ou moins grande culpabilité des actions d'autrui. Ah! puisqu'il en est ainsi,

que celui qui nous a laissé le plus beau mo-
nument de la sagesse n'a pu se soustraire à
la méchanceté humaine, prenons donc la
ferme résolution de ne consulter, dans nos
déterminations, que nos intentions propres : c'est l'unique moyen de suivre le sen-
tier de la vertu, duquel nous nous éloigne-
rons toujours, pour peu que nous ayons la
lâche faiblesse d'écouter les conseils donnés
par les préjugés de l'un et de l'autre ! Dans
la vie, ce ne sont pas les persécutions, le
terme même de notre existence, qui soient
à redouter. Celui qui a le cœur honnête et
ferme, ne les considère que comme des événemens ordinaires, dont il tire vengeance
par sa noble conduite. Mais il n'en est pas
de même des préjugés. Quelle vengeance tirer de ce qui fuit à votre approche, de ce
qui se masque sous les dehors de la bonne
foi pour vous mieux tromper, de ce qui
emploie souvent la voix du ciel pour appe-
ler sur votre tête l'assemblage des plus affreuses calamités ?

CHAPITRE VI.

DU FANATISME.

DIVINE religion! ce n'est pas toi que je veux accuser. Tu es aussi pure des excès qui ont été produits dans ton nom, que l'enfant qui ouvre les yeux à la lumière est innocent des crimes de son père. En consacrant ma méditation aux maux qui portent l'affliction dans la société, je suis naturellement conduit à traiter des horreurs que tu n'as pas commises, religion sacrée! mais qui l'ont été par les abus que les hommes ont fait de l'excellence de ta doctrine. Assurément, celui qui envoya des pécheurs l'annoncer à toute la terre comme une bonne nouvelle, était loin de penser qu'on abusât un jour de sa parole pour bouleverser l'univers. Mais de quoi ne tire-t-on pas de fausses conséquences? L'esprit des hommes s'est souvent jeté dans les écarts les plus monstrueux avec les meilleures intentions. Cela explique comment il a été possible que l'intolérance et les persécutions aient été poussées à un point de barbarie qui met en mouvement toutes les fibres du cœur. Console-toi, religion du plus humain des législateurs! tu n'es pas la seule qui ait été souillée du sang de tes enfans. Depuis que le culte des dieux a été établi sur la terre, les tortures, les bûchers, les échafauds et les poignards ont vomi tour à tour l'inquisition, les auto-da-fé, la mort et les assassinats. Les populations ont été détruites à la fleur de leur âge, et ceux qui en étaient les bourreaux ont souvent été sanctifiés et divinisés. La tyrannie, dans son aveugle délire, a plus d'une fois imité ce roi d'Egypte (31), qui, se défiant du despotisme chancelant de son autorité, sema une épouvantable division parmi ses sujets, en les livrant chacun à autant de fanatismes particuliers, qu'il leur imposait d'adorations antipathi-

ques. Les massacres de sang ont été conseil-
lés comme des expiations de la colère divine; les guerres assassines comme des châtimens nécessaires à l'usage des différentes
sectes. Ah! divine religion, en promenant
ses regards sur ce vaste tableau de la scélératesse humaine, qu'on éprouve de satisfaction à s'arrêter sur cette légion romaine,
qui, plutôt que de verser le sang des innocens, se laisse décimer et hacher en pièces!
Elle connaissait ses devoirs et les intentions
de la Divinité, qui ne voit dans tous les peuples de la terre, de quelque manière qu'ils
l'adorent, que des enfans qu'elle chérit et
qu'elle protége.

Ainsi, en montrant d'où le fanatisme est
né, les excès de ses horreurs, de quelle manière on peut les éviter dans la société, je
ne blesserai en rien la sainteté de ta nature,
l'excellence de tes bienfaits. Je m'attacherai
seulement à montrer que d'un instrument
de félicité pour tous les peuples, il serait
encore aisé d'en faire un instrument d'intolérance et d'anarchie; résultat qu'il faut bien

chercher à éviter dans un moment où la société enferme dans son sein une infinité d'autres élémens de troubles et de discorde.

Le fanatisme est né de la superstition et des passions exaltées de l'homme. Il n'est rien de plus propre à l'entretenir que les préjugés, qui sont la source des faux jugemens. On a pu remarquer, à quelque époque que l'on considère ses effets, qu'ils se sont développés avec le plus de force, lorsqu'il n'y avait point de lois, ou lorsqu'elles étaient tout-à-fait inertes. Alors aussi les passions ont le plus beau jeu; maintenues par aucune barrière, elles agissent et réagissent, enfantent le choc des opinions, les embrassent avec une ferveur gigantesque, et se précipitent dans tous les excès imaginables pour les soutenir.

Le fanatisme naît encore de l'intolérance; les guerres de religion n'ont point eu d'autre cause. Lorsqu'un législateur religieux veut tout asservir à ses idées, il devient le fléau de l'humanité, tel que Mahomet qui se servait du glaive pour faire des prosélytes à sa religion. Une fois que l'intolérance a été admise en principe, la persécution ne tarde pas à s'ensuivre, et il en résulte un fanatisme de sectes qui livre la société à une anarchie complète.

Les excès du fanatisme sont non moins dangereux que les excès de la démagogie : ils ont même cela de particulier qu'ils peuvent durer plusieurs siècles, comme l'atteste l'histoire des persécutions des chrétiens, tandis que les derniers ont toujours une durée instantanée. Aussi je n'hésite pas à le dire, il me ferait moins de peine de voir un état en proie aux scissions des opinions politiques, qu'aux scissions des opinions religieuses ; car indépendamment de ses autres effets, le fanatisme religieux finit toujours par se mêler à des raisons politiques. Ainsi du temps des guerres de la ligue, la France n'était pas seulement déchirée par la différence des idées religieuses des huguenots et des catholiques ; il résulte des auteurs du temps que les premiers combattaient aussi pour changer la forme du gouvernement établi et y substituer le républicanisme. Les empereurs romains voyaient dans la persévérance religieuse des premiers chrétiens, les marques d'une insubordination préjudiciable au maintien de leur autorité, et Constantin n'imagina pas de meilleur moyen d'y mettre un terme, que de faire asseoir avec lui sur le trône cette religion tant redoutée.

Les réformations religieuses produisent les réformations politiques. C'est pourquoi le plus grand moteur de la révolution française fut Calvin. Ses dogmes devaient en amener d'autres. C'est ainsi que se sont effectués les principes républicains que l'on attribuait aux zélateurs de sa religion.

L'intolérance religieuse a bien pu, dans une certaine nation, se soutenir durant une infinité de siècles, sans produire de divisions religieuses bien marquées; mais elle a fini par enfanter une révolution politique qui devait nécessairement éclater. Si elle a été ajournée plus long-temps qu'ailleurs, c'est que la patience et le courage à endurer les maux font les élémens principaux de la nature du peuple de cette nation. (32) En supposant que cette révolution fût éteinte en Espagne, l'intolérance religieuse ne pourrait pas y être rétablie, ou si elle y était rétablie comme le gouvernement le tente par son décret de Lébrija, le fanatisme religieux succéderait au fanatisme politique, et il serait difficile d'assigner le point où se termineraient ses excès. Car qui pourrait arrêter un peuple qui a pour guide Dieu et l'amour de la patrie? Ne serait-ce pas alors son entière destruction?

Partout où les dogmes feront la partie principale d'une religion, il arrivera ce que je viens de dire. C'est pourquoi la meilleure religion est celle qui a pour objet unique Dieu et les hommes. Il importe peu à Dieu de quelle manière, et par quelles paroles nous l'adorions. L'Evangile, ce code d'une raison universelle, ne s'occupe qu'à rendre les peuples heureux ; il leur apprend le moyen d'y parvenir, c'est-à-dire à vivre dans des sentimens de confraternité les uns à l'égard des autres. La religion du Christ était, sans contredit, la moins propre à favoriser les horreurs du fanatisme : il fallait qu'on l'a persécutât pour lui apprendre l'intolérance (33). Elle n'a point imaginé les disputes des jansénites et des molinistes ; à des époques plus reculées, celles des nicolaïtes, des gnostiques, montanistes, nestoriens, donatistes, ariens, iconoclastes, etc. (34). Ces disputes ont été inventées par les hommes intéressés à commercer sur l'intolérance, qui n'est qu'un commerce auquel le petit nombre gagne, et où l'immense majorité perd. Ils ont spéculé sur les dogmes, c'est-à-dire sur des mots le plus souvent vides de sens, et se sont ainsi rendus les oracles d'une parole divine embrouillée, tandis qu'elle était claire et sensible pour tous.

Quelle différence de ces hommes à celui qui, dans la chaire évangélique, versait des torrens de lumière, salutaires à l'instruction des rois et de leurs semblables ! Le langage de Masillon est celui de Dieu et de la vérité : tout le monde y croit.

Les peuples de l'antiquité ont eu une espèce de fanatisme religieux qui relevait plus de l'ignorance que de l'intolérance, proprement dite. Il n'était pas étonnant que leurs

idées confuses sur la nature d'une prodi-
gieuse multiplicité de dieux, fissent naître
une diversité de cérémonies, qui, se combattant, causaient des différences d'opinions.
Encore ne voyez-vous point ces immenses
tableaux de massacres et de persécutions
qui contristent les regards qui s'arrêtent sur
les états modernes. Dans la Grèce je n'en
sais que peu d'exemples, ceux d'Anaxagore
et de Socrate. J'ajouterai que le fanatisme
religieux y a fait germer des idées de patriotisme : à Rome de même. La religion, loin
d'y causer des ravages, a, au contraire, réuni
les partis opposés, apaisé les divisions, jusqu'au moment où la volonté capricieuse des
empereurs eut renversé les fondemens de
sa prospérité. Il y avait certainement une
cause à cette harmonie. Cette cause était
que les prêtres ne s'y occupaient point de
disputes oiseuses ; que dans la consécration
de leurs mystères, en consultant la volonté
des dieux à des signes absurdes, il est vrai,
ils n'avaient pour but que la gloire et la
prospérité de la patrie, à l'administration de

laquelle ils tenaient par leurs fonctions sacerdotales.

Cette explication décèle une des causes les plus importantes du fanatisme religieux dans les états modernes; c'est que les prêtres ayant toujours été trop isolés des intérêts de la société par les principes de leur ordre (tels que la prohibition du mariage et leur aveugle soumission aux représentans de saint Pierre), ont agi comme s'ils avaient été seuls dans l'état (35). Ils n'ont pas considéré quelles funestes atteintes leurs dogmes devaient apporter à la tranquillité sociale. Dans cette ignorance, ils ont autorisé de leur exemple les abus et les calamités qui l'ont si long-temps troublée, et qui la troublent encore.

Si nous passons aux conséquences fatales du fanatisme, nous verrons qu'il a favorisé le despotisme : il en a été comme le satellite. Les despotes se sont bien donnés de garde d'en arrêter les progrès : ils convenaient à leurs ambitions et à leurs haines : ils sanctifiaient, en quelque sorte, leurs crimes. « Caracalla, dit Montesquieu, pour diminuer

« l'horreur du meurtre de son frère, le mit au
« rang des dieux; et ce qu'il y a de singulier,
« c'est que cela lui fut exactement rendu
« par Macrin, qui, après l'avoir fait poi-
« gnarder, voulant apaiser les soldats pré-
« toriens, désespérés de la mort de ce prince
« qui leur avait tout donné, lui fit bâtir un
« temple, et y établit des prêtres flamines
« en son honneur. » Il résulte de là, ajoute
OElius Lampridius dans la vie d'Alexandre
Sévère, que sa mémoire ne fut point flétrie,
et que le sénat n'osant pas le juger, il ne fut
pas mis au rang des tyrans, comme Com-
mode, qui ne le méritait pas plus que lui (36).

Charles IX n'aurait pas osé commander
le feu sur ses sujets, et présider aux massacres de la Saint-Barthélemi, s'il n'avait
été assuré de trouver dans le fanatisme une
excuse à ses barbaries.

Ravaillac n'aurait pas assassiné ce roi
qu'Alexandre, empereur de Russie, qualifia
spirituellement *d'heureux accident de la nature;* Damiens n'aurait pas cherché à se
rendre criminel du même attentat sur

Louis XV ; et les doctrines du jésuite Mariana, et les défenses de ces doctrines par le père Guinard, n'auraient jamais consacré des maximes basées sur le meurtre.

Les funestes dragonnades ne souilleraient pas le règne d'un grand roi, et l'âme n'éprouverait pas les plus pénibles palpitations, en voyant ces édits où il était ordonné d'arracher un fils des bras d'une mère protestante. Les plus illustres citoyens, les familles les plus éclairées et les plus industrieuses, n'auraient pas été forcées à s'expatrier dans les pays étrangers, où ils portèrent avec les ressources de leur génie, des richesses qui ne tardèrent pas à en augmenter la puissance (37).

En Angleterre aurait-on vu les puritains, ces ardens partisans de la réforme politique, commettre les plus honteuses extravagances, et faire dégénérer en persécutions des maximes d'où devait naître la tolérance?

L'islamisme, contraint à modifier ses atrocités, n'aurait pas, par la force du fanatisme, plongé une partie du globe dans de làches adorations. Il n'aurait pas enraciné les axiomes du plus profond et du plus humiliant esclavage dans l'esprit d'un peuple, qui se montrait autrefois courageux dans les lieux où il se courbe ignominieusement sous le poids du despotisme.

L'Espagne, ainsi que l'explique le respectable Llorente dans sa grande histoire de l'inquisition, n'aurait pas été témoin de la diminution occasionée à sa population par l'établissement de l'inquisition et des auto-da-fé; diminution tellement effrayante que l'on aurait peine à y croire, si elle n'était confirmée par l'exactitude des faits.

L'Espagne, sans le fanatisme de la religion, n'aurait point envié à un monde qu'elle avait découvert le bonheur dont il jouissait. Elle n'aurait point rougi son territoire des flots de sang de ses paisibles habitans, qui, sans doute, avaient raison de ne pas accepter une religion qui commandait les crimes et les massacres. Religion sainte! non, tu n'es pas responsable des atrocités qui ont été commises en Amérique! Les

coupables sont des tyrans qui voulaient ravir à un peuple des trésors qu'il ne leur refusait même pas ! Ce sont…. mais j'oubliais
qu'il a existé un père Aubri qui faisait des
prosélytes au christianisme par la douceur
de son langage, et la bienfaisance de ses
conseils. J'oubliais que, parmi ces Espagnols intolérans, vivait le vénérable évêque
de Chiappa (38), qui mérite, à juste titre,
le surnom de défenseur des libertés des naturels de l'Amérique. Cependant qui pourrait retenir ses larmes, en songeant aux
supplices auxquels ils ont été si long-temps
en proie, lorsqu'on connaît la réponse que
fit à Cortez un des peuples qu'il avait vaincus : « Seigneur, voilà cinq esclaves ; si tu
« es un dieu fier qui te paisses de chair et
« de sang, mange-les, et nous t'en amène
« rons davantage ; si tu es un dieu débon
« naire, voilà de l'encens et des plumes ; si
« tu es homme, prends les oiseaux et les
« fruits que voici. » Croirait-on que ce soient
des sauvages qui donnèrent cette leçon d'humanité à des chrétiens?

Le fanatisme ne pouvait favoriser le despotisme sans se montrer ardent à éteindre les lumières. Nous voyons le calife Omar assurer l'empire de l'ignorance et de la superstition, en brûlant les livres de la bibliothèque d'Alexandrie. Les monumens qui pouvaient nous servir de fil dans le labyrinthe des incertitudes humaines sont détruits : les ténèbres se répandent sur la partie de l'Europe que nous habitons; et nous sommes redevables, au fanatisme, des législations, des coutumes et de la détresse qui règnent dans le moyen âge. Nous lui sommes redevables de l'anarchie qui a sans cesse consterné la France pendant tout le temps de la féodalité.

Mais ces déplorables excès du fanatisme ne feraient tort qu'à des cœurs lâches et cruels, si l'on n'avait vu des sectes et des peuples entiers se dévouer à la mort par des sacrifices volontaires. Les gymnosophistes se brûlaient eux-mêmes, afin que leur âme arrivât toute pure au ciel; les épouses indiennes se jetaient dans le bûcher de leur époux, et les esclaves dans celui de leurs maîtres. Les Tartares circassiens, à la mort de quelque grand, témoignent publiquement leur deuil par des meurtrissures et des incisions qu'ils se font sur tout le corps. Chez les Gètes, c'était à qui se disputerait l'honneur de porter à Zamolxis les vœux de la patrie. Heureux alors celui que le sort du sacrifice destinait à être lancé sur des javelots dressés ! Les chrétiens auraient quelque chose à envier à ces différens peuples, s'ils ne cherchaient encore de nos jours dans les jeûnes, les flagellations et les macérations, les jouissances assurées qu'ils se proposent de goûter dans l'autre monde (39). Ces extravagances de l'esprit humain, ces délires d'une imagination exaltée par de fausses idées, rembrunies par l'ignorance et la superstition, finiront, il faut l'espérer. Comme le souvenir seul devrait en guérir, il est essentiel que je place ici un passage entier de M. Deleyre, auteur de l'Analyse de la philosophie du chancelier Bâcon. « Mais quel « dut être l'étonnement des païens, quand

« ils virent les chrétiens, devenus plus nom-
« breux par la persécution, se déclarer une
« guerre plus implacable que celle des Néron
« et des Domitien, et continuer entre eux
« les hostilités de ces monstres? Au défaut
« d'autres armes, ils s'attaquent d'abord
« par la calomnie, sans songer qu'on ne se
« fait point des amis de tous ceux qu'on sus-
« cite contre ses ennemis. On accuse les uns
« d'adorer Caïn et Judas, pour s'encoura-
« ger à la méchanceté; les autres de pétrir
« les azimes avec le sang des enfans immo-
« lés ; on reproche à ceux-là des impudi-
« cités infâmes, à ceux-ci des commerces
« diaboliques. Adamites, ariens, icono-
« clastes, tout cela confondu sous le nom
« de *chrétiens*, donne aux idolâtres la plus
« mauvaise idée de la religion des saints.
« Ceux-ci, coupables à force de piété, ren-
« versent un temple de la Fortune; et les
« païens, aussi fanatiques pour leurs dieux
« que quelques-uns de leurs ennemis contre
« les idoles, commettent des atrocités
« inouïes, jusqu'à ouvrir le ventre à des vier-

« ges vivantes, pour faire manger du blé,
« parmi leurs entrailles, à des pourceaux.
« Jérusalem, cette boucherie des juifs, de-
« vient aussi celle des chrétiens, qui y sont
« vendus par milliers à leurs frères de l'An-
« cien Testament. Ceux-ci ont la cruauté de
« les acheter, pour en faire mourir de sang-
« froid quatre-vingt-dix mille. Et comme si
« les chrétiens avaient été la cause du mas-
« sacre des onze cent mille âmes qui péri-
« rent pour l'accomplissement des prédic-
« tions ; au lieu d'attribuer ces châtimens,
« avec Josèphe, leur historien, à l'impiété
« des zélés qui avaient répandu le sang des
« ennemis dans le temple, ils rejettent sur
« le christianisme toute la haine dont l'uni-
« vers les accable ; et ce que le fanatisme a
« pu seul inspirer, ils scient les prisonniers,
« mangent leur chair, s'habillent de leur
« peau, et se font des ceintures de leurs en-
« trailles. Cet excès de vengeance cause des
« représailles qui font consumer dix-huit
« cent mille âmes par le fer et par le
« feu, etc., etc. » Ajoutez à cette horrible

peinture, que, dans l'état civil, le frère se battait avec le frère, le père contre son fils; que la mère reniait l'enfant auquel elle avait donné le jour, et vous aurez une preuve complète des excès auxquels peut porter le fanatisme.

Quoique, par l'empire des lumières qui éclairent la société actuelle, il soit moins facile de redouter les ravages du fanatisme, il ne serait pas impossible qu'ils désolassent de nouveau l'Europe. Nous avons entendu, à une époque peu éloignée de nous, des prêtres du Seigneur prononcer anathème contre toutes les religions qui n'étaient pas celle dont ils se disaient les ministres; nous les avons vus, se masquant du prestige et des saintes fureurs de la prophétie, prédire que tous les hommes étaient damnés (40), s'ils ne faisaient une entière abnégation de leur être à des devoirs qu'ils leur imposaient de leur chef; nous les avons entendus soutenir des doctrines non moins fatales à la stabilité des états, qu'à la tranquillité des familles; et comme si nous étions encore aux

siècles de la barbarie, les extravagances religieuses se sont renouvelées dans quelques
hommes, et les convulsions du fanatisme
dans beaucoup de femmes. De sages pas-
teurs(41) dont la vie était un tissu de bonnes
actions, devinant à l'âpreté de ces doctrines
qu'elles étaient propres à faire des exaltés
et non des chrétiens, mêlaient vainement la
sainteté de leurs voix aux provocations
adressées aux âmes ardentes; ils perdaient
toute autorité dans leurs églises; leurs re-
montrances étaient taxées de faiblesse et d'i-
gnorance. Heureux encore lorsqu'ils n'é-
taient pas rendus suspects! Il ne manquait
que les circonstances pour faire de nos jours
ceux de la vente des indulgences....

Il est évident que d'un instrument de félicité pour les peuples, on a fait un instrument de persécution. Les douceurs d'une
religion tolérante, loin de répandre la concorde parmi eux, les ont divisés et subdivi-
sés en une infinité de sectes plus absurdes
les unes que les autres. Ils ont volé aux
armes, quand ils devaient courir à la paix.

Chez quelques-uns, tels que les Japonais, elle a tellement dévié de son but primitif, qu'ils n'ont, parmi leurs saints, que des guerriers, et pour reliques que des sabres et des cimetères teints de sang. Il est donc raisonnable de reconnaître avec Tillotson : » Que lorsque la religion nous pousse à faire « mourir les hommes pour l'amour de Dieu, « et à les envoyer en enfer ; que lorsqu'elle « ne sert qu'à nous rendre enfans de la co- « lère et de la cruauté, ce n'est plus une re- « ligion, mais une impiété. » Reconnaissons encore avec le même auteur, que ceux-là se sont étrangement trompés ou étaient étrangement barbares qui ont ainsi interprété « une religion qui ordonne à ses disciples « d'aimer tous les hommes, sans en excepter « même leurs ennemis ; qui leur défend de « persécuter ceux qui les haïssent, et de haïr « ceux qui les persécutent. » A coup sûr, si cette loi ne leur permet pas de maudire ceux qui bénissent Dieu dans une autre langue et avec d'autres formules, ce n'est point à elle qu'on imputera les flots de sang que le fanatisme a fait couler.

Incontestablement, si les lumières existantes de nos jours ne suffisent pas pour
nous préserver de ce fléau religieux, c'est
alors que la nécessité des bonnes institutions
se fait sentir. Je dis qu'elle se fait sentir pour
toutes les classes de la société, car, d'après
les horreurs qu'il a causées, tout le monde,
quelle que soit son opinion, doit souhaiter
de ne les jamais voir se réitérer. Dans certains états de l'Europe, elles ne finiraient pas
comme autrefois ; car si, aux levains de discorde qui les travaillent sourdement, on y
ajoutait le fanatisme, ces états tomberaient
dans une dissolution politique de laquelle
ils ne se relèveraient jamais. C'est ma crainte
pour le royaume d'Espagne ; on vient d'y
rétablir tout sur l'ancien pied. J'imagine
que la majorité des peuples de ce pays-là ne
voudra pas se soumettre aux archers de la
sainte hermandade, qui n'est autorisée ni
par la conscience des hommes, ni par les
préceptes sacrés. Il résultera une opposition
religieuse, qui produira une guerre de fanatisme, que la différence des principes po-

litiques fera dégénérer en guerre civile. Le courage et la fermeté y combattront en sens inverse pour des motifs propres à enthousiasmer l'imagination des hommes, et ce malheureux pays s'épuisera par ses forces mêmes.

Comme je l'ai indiqué, le fanatisme aurait aujourd'hui un caractère plus absolu, plus féroce que dans les temps passés : car à la force de l'exaltation religieuse , il réunirait la dissidence des opinions politiques. Si tel n'a pas été tout-à-fait le fanatisme de la révolution, il n'y manquait que la présence des anciens abus religieux. Mais du reste il était toujours une lutte entre les partisans de la démocratie et ses ennemis, entre les fauteurs de l'ancien régime et ceux du nouvel ordre de choses.

Les bonnes institutions, à cet égard, doivent comprendre un excellent système d'éducation. Je ne voudrais pas que cette éducation fût abandonnée aux prêtres (42), parce qu'ils l'envelopperaient des principes de leur ordre, et que j'ai la certitude, quoi qu'on puisse dire, que l'on se défait très-difficilement ou jamais des premières impressions reçues. Plus ce système serait général, plus il serait parfait. La propagation des lumières ne saurait être trop encouragée sous ce rapport : les écoles lancastriennes, dirigées par des maîtres habiles et partisans des institutions libérales, en semant les lumières dans les derniers rangs, y communiqueraient l'amour de la concorde et la haine pour les disputes religieuses (43). L'éducation serait gratuite, et je désirerais qu'on attachât plus d'importance aux sérieuses fonctions de professeur; c'est-à-dire qu'en leur accordant ce haut degré de considération dont ils étaient en possession dans les républiques anciennes, on ne leur accorderait que ce qui leur est légitimement acquis. Les professeurs sont les pères de la jeunesse, comme ils sont les colonnes les plus essentielles à l'état.

CHAPITRE VII.

DU FANATISME POLITIQUE.

Jusqu'a présent j'avais omis une autre espèce de fanatisme, qui n'a pas moins désolé la société que le fanatisme religieux. Je veux parler de celui qui, prenant tout à l'excès, ombrageux lorsqu'il n'a aucun sujet de l'être, a transformé les principes politiques en glaives sanglans, a fait de la société une arène tumultueuse où les hommes de toutes les opinions viennent défier ceux qui ont des opinions contraires, où les combats sont des destructions, et où les vainqueurs et les vaincus ne sont souvent pas plus avancés les uns que les autres, faute d'institutions capables de remédier aux plaies dont ils sont les auteurs.

Je dois convenir que ce fanatisme a aussi pour cause de grandes vertus. Le fait de Brutus condamnant ses enfans à mort, fournit une juste idée de ce qu'il est. Mais ce fait est d'autant plus rare, qu'à le bien juger, on ne devrait pas le considérer comme du fanatisme; car son principe a été la conservation réfléchie de l'état républicain, qui ne pouvait avoir lieu que par le sacrifice de ses enfans, et son résultat a été sa prospérité qui, certes, aurait cessé avec la réussite de leurs projets.

Le fait de Curius se précipitant dans l'abîme entr'ouvert sur la place publique, serait plutôt à citer sous ce rapport; car outre qu'il était le résultat de l'égarement d'une imagination enthousiaste à l'excès, il ne pouvait être suivi raisonnablement d'aucun succès.

Pour bien distinguer, à cet égard, ce qui est fanatisme de ce qui ne l'est pas, il est à propos de définir ce que j'entends par fanatisme politique. C'est la passion effrénée d'un esprit sans réflexion, qui, dans l'exécution d'un acte quelconque, n'a pas l'espérance raisonnable de réussir. Je pose cette définition parce que vulgairement il arrive de taxer d'extarvagance, de fanatisme, des actions basées sur des fondemens inaperçus de ceux qui s'expriment ainsi.

J'appellerai fanatisme, cruauté politique, la conduite de Néron, qui attachait un à un les citoyens dont il redoutait la censure ou l'influence, et qui, dans cet état, ordonnait qu'on les précipitât à la mer, s'imaginant que sa sûreté personnelle et politique en dépendaient. On a cru, mais à tort, que cette tactique révoltante avait été inventée dans la révolution. Comme on le voit, elle lui est antérieure de plusieurs siècles. Les époques les plus désastreuses ont toujours eu des points de ressemblance d'autant plus faciles à saisir que les identités étaient plus effrayantes.

Rome, plus qu'aucune autre nation, a offert le tableau de ces hideuses tragédies. Les guerres civiles de Marius et de Sylla ont été portées jusqu'au dernier période de fanatisme. Quand on se figure avec quel délire leurs soldats se combattaient, et avec quelle sincérité ils croyaient servir la patrie ; quand on se ressouvient des tables de pros-

criptions de Sylla , où ce dictateur , aussi fa-
natique qu'ambitieux, sacrifiait à ses tumul-
tueuses passions la fleur des citoyens romains
et cela dans l'intention d'arracher Rome à
la domination du parti adverse : et à la suite
de ces horreurs , lorsqu'on réfléchit sur le
prodige plus étonnant encore de son abdi-
cation , au milieu de Rome tout récemment
teinte du sang de ses enfans , et retentissante
des gémissemens des familles qui déploraient,
les unes la perte de leurs parens, et les autres
celle de leur fortune, on a acquis une idée
complète du plus barbare fanatisme politique
qui puisse déchirer un état.

Le crime du dernier des Brutus, celui de
Cassius, que Polybe appelle le dernier des
enfans de Rome, était un fanatisme du genre
de celui qui arrache le cœur de l'homme
à toutes les affections de la terre , et qui
transportant son âme dans le ciel, donne
la force à son bras de frapper le coup fatal.
Celui-ci se nourrit ordinairement dans la
solitude où ses aversions sont grossies par
les fantômes de l'imagination.

Dans la Grèce , il y avait une institution qui a diversement été envisagée , et que je considère comme très-propre à engendrer le fanatisme : c'est de l'ostracisme dont je veux parler. Cette institution excitait si fort les soupçons d'une multitude déjà assez ombrageuse par le principe du gouvernement, qu'elle proscrivait ou condamnait à mort ses généraux sur des apparences qui, dans son esprit, ne tardaient pas à être des réalités. Cependant on connaît les injustices de plusieurs de ces condamnations, témoin la mort de Miltiade, que toute l'éloquence de Protagoras, son frère, ne put arracher à un châtiment aussi inique qu'inhumain.

Mais dans le gouvernement républicain, comme le fanatisme tient à quelque chose de sacré, il faut accepter toutes les conditions qui lui sont inhérentes. C'est le plus admirable des gouvernemens, et non le plus tranquille. Il a une tendance à rendre les citoyens fanatiques; mais ils le sont par vertu : tandis que dans les autres gouvernemens, ils le deviennent par un principe différent, lequel, comprimé par les abus, par les faveurs et la dépravation, s'exerce moins souvent. Mais qu'est-ce qu'un état de repos où l'homme n'est pas homme, où son cœur se trouve dans l'absolue nécessité de contraindre ses impressions, quelque nobles qu'elles soient! Ce vacarme des républiques a quelque chose d'attrayant : il représente les citoyens allant çà et là, s'informant sur la place publique de ce qui se passe, approuvant, censurant l'administration de tel chef, élevant la voix pour ouvrir un bon avis qui est accepté, et souvent un ridicule qui est bafoué avec celui qui le donne. Il nous fait voir les uns allant déposer leurs votes pour l'élection des magistrats, les autres s'enrôlant spontanément pour garantir la patrie d'une invasion étrangère, et une mère qui se réjouit de ce que son fils est mort en combattant les armes à la main (44). Apprend-on qu'une entreprise hasardeuse et importante a réussi, tous les citoyens courent au Forum; ils interrogent les magistrats, et si la nouvelle n'est pas controuvée, ils se trouvent pêle-mêle, s'embrassant, se félicitant de la prospérité de la république. Ah! les avantages de ce régime bruyant font passer la vie comme le songe d'une nuit. Ce sont les courts instans passionnés et tumultueux d'un amant, qui se dévoue à la patrie comme à son amie la plus chère.

Ces jouissances l'emportent assurément sur les inconvéniens des gouvernemens populaires. Si le fanatisme y rend les injustices fréquentes, il ne les rend pas flétrissantes. Le citoyen vertueux peut y vivre dans la proscription, parce qu'en reportant ses regards vers la patrie, il a la consolation d'y voir les lois innocentes de l'égarement de ses concitoyens, et qu'alors il peut conserver l'espérance au fond de son cœur de revenir parmi eux se venger noblement de l'injustice de leur sentence. Dans les autres gouvernemens, un sujet proscrit n'entrevoit plus que les douleurs et la mort sur un sol étranger. Il n'y a rien de moins sensible que la loi d'une monarchie, qui est ordinairement formée de l'intérêt d'un seul, auquel tout est sacrifié.

Le fanatisme politique se mêlant au religieux, est la source d'adorations semblables à celles que nous voyons plus particulièrement chez les peuples anciens. Il a eu pour principe la superstition, qui, de ses propres forces, s'est perpétuée elle-même ; et ils ont adoré Castor et Pollux, Thésée, Hercule, Achille, César, etc., sous les formes de la Divinité. Cette espèce de culte n'emportait de mal avec lui que son absurdité. Pour tout le reste, il a rendu des services à la politique des anciens états.

Voilà un des seuls exemples où le fanatisme politique ait été utile. Car dans le fait de Caton d'Utique, qui, par amour de la patrie, se fait mourir ; dans celui de Torquatus condamnant son fils à mort pour avoir franchi les rangs au moment du combat, je n'aperçois que des intentions exagérées, qui auraient pu devenir plus précieuses à la société par une conduite mieux réfléchie.

J'apprécie autrement l'action de Barneveld dans les Provinces-Unies. Il montra un dévouement extraordinaire, digne de porter l'admiration dans toute âme éprise des intérêts de sa patrie. Sa conduite fut héroïque, et ses paroles, au moment du trépas, exemplaires. C'est de cette mort qu'on peut dire : « Elle est la leçon des tyrans, et un modèle à suivre pour les peuples. »

Le dernier période où le fanatisme politique soit susceptible d'arriver, les nations modernes l'ont montré. Il n'est pas possible de lire l'histoire de la révolution d'Angleterre sans être saisi d'horreur. Les plus grands crimes s'y commettaient à côté des plus grandes vertus. Les échafauds recevaient le sang des innocens et des coupables. Tous mouraient en faisant des vœux pour la patrie, suivant la nature opposée de leurs opinions.

La révolution française n'offre pas un tableau moins hideux des abominations auxquelles le fanatisme politique peut conduire. Comme chacun les sait, je dirai seulement que ce fanatisme a détruit le bel édifice construit en 91. En faisant une guerre à mort aux citoyens illustres qui en furent les architectes, on a changé l'enthousiasme en férocité : l'immortalité a pris la place de la reconnaissance publique qu'on leur devait : les idées se bouleversant, on a fait consister les devoirs dans l'anarchie ; les hommes se sont suspectés les uns les autres; ils s'appelaient terroristes et aristocrates, lorsque, par la force des circonstances, ils auraient été contraints à ne faire que des Français. Ils ne faisaient pas attention qu'en passant d'une constitution à une autre, bientôt anéantie par une suivante, ils précipitaient les mœurs dans un état d'incertitude propre à détacher les cœurs de la liberté, et à les lancer dans la carrière infinie des méfiances, des délations et des vengeances.

Tels sont, selon moi, les reproches les plus plausibles qu'on puisse adresser à cette époque. Car notre révolution, si différente de toutes celles qui l'avaient précédée, était aussi plus difficile à arrêter dans son cours. Tant d'intérêts s'y trouvaient compromis, tant de puissances y avaient dis-

paru, tant d'autres les avaient supplan-
tées ! Il faut avouer également qu'un des
motifs les plus considérables des schismes,
du fanatisme qui régnaient alors, était la
fausse opinion où l'on vivait sur le compte
de beaucoup de ceux entre les mains des-
quels se trouvait l'administration publique.
« Les uns étaient des traîtres et des hommes
de sang, qui dans le fond n'étaient rien de
cela; d'autres de bons républicains qui n'é-
taient au contraire que des ambitieux, et
quelquefois des scélérats, qui allaient tête
baissée partout où il y avait du pouvoir et
de la fortune à gagner... »

J'ai toujours pensé que la difficulté qu'il y
avait à juger les hommes et les événemens
de la révolution, avait produit nos erreurs.
Nous n'avons pas assez vu dans cette grande catastrophe, que c'étaient des hommes qui
étaient chargés de la maîtriser, et qu'il aurait fallu un dieu tout-puissant pour en déterminer les mouvemens et les progrès.
Nous n'avons pas réfléchi sur les fautes, les
calamités qui devaient alors en être les sui-

tes; nous nous sommes trop attachés à mettre en évidence ce qui ne devait être vu que
bien loin derrière les immenses avantages
de la liberté. Les anciens représentaient la
statue de cette divinité couverte d'un voile
noir, sans doute pour indiquer qu'elle gé-
missait des excès commis dans son nom.
Quelle funeste manie donc de vouloir toujours rendre les gouvernemens libres soli-
daires de l'anarchie! N'est-ce pas comme si
l'on affirmait que parce que la raison ne règne pas en souveraine, elle n'existe pas?
Les troubles démagogiques dérivent de l'é-
ducation des hommes qui ne sont pas encore faits au régime de la liberté! Attendez
qu'ils en conçoivent le prix et le règne, et
vous verrez que les conséquences qui résul-
teront de leur position sociale, seront à l'a-
vantage de la liberté.

Les fanatiques politiques de nos jours,
car il y en a, et en très-grand nombre, sont
ceux qui se refusent à croire ces vérités. Ils
empêchent ce qui serait actuellement sans
efforts, sans tous les dangers d'un régime

qu'on cherche à introduire pour la première fois dans une nation. Les Français jouiraient, à l'abri tutélaire d'excellentes institutions, de l'accomplissement des vœux qui habitent tous les cœurs honnêtes.

Ces fanatiques, dans leur délire insensé, s'enfoncent dans le lointain des siècles pour y chercher des prédictions sur notre situation politique présente. Alors, comme si les lois qui sont sollicitées, comme si les progrès infinis des sciences devaient mettre la société en combustion, ils ne rêvent que le retour d'une époque qui ne peut être que dans des imaginations folles; ils prononcent anathème sur tout ce qui s'éloigne directement ou indirectement de leur but; et sans s'inquiéter si les intentions de ceux qui ont des sentimens contraires sont droites ou non, ils les dénoncent à leurs semblables, comme des victimes nécessaires à leur repos et à leur ambition.

Voilà cependant ce qui se passe journellement en France; et ce fanatisme, secondé de toutes les forces du fanatisme religieux, suffirait seul pour produire les périls que la société veut éviter. Non, je n'en doute pas, ce ne sont plus les maximes de la liberté qui sont nuisibles maintenant à la stabilité des nations; car elles ne sont que le résultat des mœurs et des lumières. Les maximes qui sont dangereuses sont celles qui contrarient les progrès de la raison sociale; c'est-à-dire, que si, au lieu de favoriser la tendance de la société vers une amélioration, on s'efforçait à lui imprimer un mouvement rétrograde, on jetterait tout dans une confusion semblable à celle de 93. Car indépendamment des autres causes, qui ont concouru à amener les troubles révolutionnaires, je mets en première ligne celle que les lois n'étaient point en harmonie avec les mœurs et les habitudes. Il existait une action et une réaction perpétuelles dans les divers corps de l'état, qui en ébranlaient l'équilibre, et portaient une contraction forcée sur des parties qui se détachaient par les contractions mêmes.

Il serait assez difficile d'assigner de justes

bornes au fanatisme politique, plutôt dépendant des événemens que des institutions. Quoique l'éducation puisse le corriger, comme il est souvent le produit de la vertu, mais de la vertu exagérée, il existera donc sous toute espèce de gouvernement. Il est un de ces défauts attachés à la faiblesse humaine, sur lesquels l'omnipotence des lois est très-souvent impuissante. Cependant avec le secours des lumières qui lancent leurs rayons de toutes parts, la superstition devant s'y mêler fort rarement et sans succès, nous ne devons plus le voir se reproduire, ou s'il se reproduit, nous remarquerons qu'il est causé par la mauvaise foi, l'hypocrisie et l'amour du désordre.

CHAPITRE VIII.

DE LA DÉLATION.

Je ne sache pas que le système de la délation, qui est une des causes principales d'une partie des maux auxquels la société est en proie, ait été mieux organisé qu'il ne l'est. A Rome, comme je l'ai expliqué dans l'*Esprit de la jeunesse française*, avec quelque adresse qu'il ait été conduit sous les empereurs, il était loin de la perfection à laquelle il a atteint depuis. Soit que les circonstances soient plus malheureuses, soit un autre motif, il n'en est pas moins vrai que nous en sommes venus au point d'avoir peine à croire à la probité sociale. La délation a tellement été autorisée, tellement in-

nocentée, qu'on ne se fait plus un scrupule
de porter une dénonciation que le plus souvent on n'ose pas signer. Cependant l'autorité aurait dû se demander si la prime d'encouragement qu'elle semble accorder aux
délateurs, n'est pas infiniment plus nuisible
qu'essentielle à la société.

J'examinerai en peu de mots quelles ont
été les conséquences de ce système.

Il n'a pu tourner qu'à l'avantage du gouvernement ou au préjudice de la société.
Cette façon de raisonner pourrait paraître
fausse si, depuis quelque temps, les gouvernemens n'avaient séparé leurs intérêts
de ceux de la société. C'est si évident, que
toutes les mesures arbitraires qu'ils ont
adoptées, soit qu'elles leur fussent utiles ou
non, n'avaient pour but qu'eux et leurs af-
fidés.

Toutefois, d'où résulte l'intérêt d'un gouvernement, sinon de la combinaison de la
prospérité publique et de l'amour que lui
portent ses sujets? De deux choses l'une, ou
il est pénétré de cette vérité, ou il la foule

aux pieds. Dans le premier cas, les meilleurs délateurs qu'il puisse avoir à son service, sont ces hommes estimables qui, dans la conviction de lui être utiles, notifient sans amertume les erreurs dans lesquelles il s'est engagé, et par de franches exhortations, lui font embrasser de bons systèmes politiques. Tels étaient les délateurs que Sully admettait sous son administration.

Mais, si un gouvernement en opposition aux mœurs de son siècle, pense s'affermir en stipendiant une foule d'esclaves plus vils les uns que les autres; s'il pense ainsi ramener à lui l'opinion publique qui incline à s'en éloigner, je dis que non-seulement il court à sa chute, mais encore qu'il compromet l'état dans son commerce, dans ses rapports avec les autres peuples, dans tout ce qui est le plus essentiel à sa prospérité.

En effet, la nation où le métier de l'espionage et de la délation est ainsi encouragé, ne peut être qu'un état de défiance. Dès-lors les liens qui tendent à unir les hommes dans leurs affections privées et dans leurs spéculations générales, se brisent. Les rapports sociaux n'existant plus, il y a anarchie forcée ou un relâchement dans les mœurs, pire peut-être que l'anarchie.

Le pays où la confiscation avait été abolie (*) devait être exempt de la délation ; car les principes de la délation et de la confiscation sont identiques, ou, pour mieux dire, ils sont conséquence les uns des autres. Voilà pourquoi il y avait, sous l'empire romain, une loi qui accordait le quart du bien des condamnés à ceux qui s'étaient rendus leurs dénonciateurs.

Le code théodosien apprend que, pendant un temps, on ne se contentait pas de délateurs particuliers autorisés par les lois ; il y en avait de publics appelés *curiosi et stationarii*, qui se dénonçaient réciproquement pour avoir la part du dénonciateur : véritables monstres nés des dents du serpent de Cadmus pour s'entre-dévorer.

(*) France.

La loi portée au code théodosien est la peinture exacte de la délation. Celle-ci ne recherche que des victimes, des honneurs et de l'argent; elle portera toujours aux derniers excès de l'infamie. Ici Cnéius Lentulus, homme qualifié, est accusé par son fils; là l'esclave Caïus dénonce son maître.

Qu'on ne conclue pas de ce que je rapporte, qu'il soit défendu à un gouvernement de prendre des précautions légitimes, afin de se prémunir contre les noirs complots. Je lui reconnais des droits de conservation plus étendus qu'à de simples particuliers. Dans ce sens, j'approuve l'institution de sa police; elle est une sauve garde contre le crime. Voilà aussi le cas dans lequel les délateurs ou dénonciateurs étaient autorisés à Rome. La loi 2, au digeste *de jure fisci,* explique que c'étaient ceux qui ne s'étaient point rendus dénonciateurs par aucun espoir de récompense; ceux qui avaient dénoncé leur ennemi pour en obtenir réparation, ou qui avaient eu pour objet l'intérêt public; enfin ceux qui avaient été obligés de faire la dénonciation à cause de leur ministère, ou qui l'avaient faite par ordonnance de justice.

Mais dans cette classe je ne comprends pas les noms odieux des Titus Oatès, sous Jacques II, des Olivier, en Irlande, des Vauversin et Chignard, dans des temps plus reculés. Je n'y comprends pas ces hommes qui font une spéculation de leurs dénonciations, et qui, par cela même, qu'ils spéculent dessus, ne peuvent répandre la vérité dans leurs rapports. Vainement ont-ils été mis sous la protection et sauve-garde du roi, par un arrêt du conseil de 1716, lequel prononçait peine de mort contre quiconque les intimiderait, menacerait, séquestrerait, séduirait et détournerait (45). Vainement cette jurisprudence, quoique modifiée, leur est-elle encore applicable ; la société est intéressée à ce qu'un gouvernement abandonne cette législation immorale, et remette en vigueur ces deux lois de Constantin, faites en 312 et 319, par lesquelles il défendait absolument d'écouter les délateurs, et ordonnait qu'ils seraient punis du dernier supplice.

Les dénonciations de Venise étaient du nombre de celles qui, sans être signées, aux époques variées de nos malheurs, recevaient la sanction de l'autorité, et perdaient un honnête citoyen.

Je ne saurais trop le répéter : qu'un gouvernement prenne donc garde de confondre ce qui est de pure police avec ce qui est l'effet de la délation. Il est possible que ce soit par la confusion de ces deux attributions, fort différentes dans leurs résultats, qu'il encourage un système devenu odieux à la société.

Les dénonciations faites par les agens nécessaires de la police, sont la suite rigoureuse d'un fait qui est dans leur conscience. Il emporte avec lui une obligation; car quiconque fait un serment, s'engage sur le point qui en est l'objet. Dans leur conduite, ces agens peuvent se tromper; mais dès qu'ils ont juré de servir le gouvernement qui les paie et les nourrit, ils ne font rien de criminel.

Outre les dénonciations politiques, il semblerait, par un débat judiciaire, qu'une autre sorte de dénonciation non moins perfide, non moins immorale, serait encouragée. Son but est de parvenir à la connaissance des vols, des attentats, par le moyen d'espions de police. Ceux-ci, en manifestant confidentiellement de perverses intentions, mais des intentions supposées, entraînent dans leurs projets des scélérats de bonne foi, qui n'y auraient peut-être jamais trempé; et à peine le crime est-il consommé, le partage du butin commencé, qu'ils sont investis par la force armée, traduits en jugement et condamnés selon la rigueur de la loi.

On passerait volontiers à un gouvernement d'user de ces moyens en politique, lorsqu'il y trouve intérêt, quoiqu'ils répugnent à la morale; mais qu'il s'en serve dans des circonstances aussi indifférentes; qu'il s'en serve, afin d'avoir le plaisir d'entraîner dans les bagnes un plus grand nombre de malheureux, voilà ce qu'il est impossible de concevoir. Avant d'y croire, j'ai besoin qu'une affaire criminelle, de la nature de celle qui a été jugée à la cour d'assises de Paris, le 21 septembre, se renouvelle.

Si la peine du talion m'a paru nécessaire quelquefois, c'est depuis l'organisation du système des délations. On n'aurait qu'à faire retomber sur les dénonciateurs les châtimens qu'ils provoquent contre les objets de leur haine ou de leur cupidité, et cet infâme trafic serait bientôt anéanti; que de représailles on épargnerait aussi à la société! mais il est indispensable de protéger ceux qu'aucune loi n'oserait défendre ostensiblement.

En ajoutant que les dénonciations décèlent la faiblesse des gouvernemens qui les emploient, j'achève tout ce que j'avais à dire sur ce chapitre; car un gouvernement fort ne voudrait pas se charger d'entretenir à ses frais une armée de *mouchards*, qui, en ne rendant aucuns services, ne peuvent que lui créer des ennemis.

CHAPITRE IX.

DE LA COMPRESSION DE L'OPINION PUBLIQUE ET DE LA PENSÉE.

Tous les états ont besoin de la libre manifestation des opinions. Je n'en excepte aucun. Cependant les chances plus ou moins malheureuses qui en seraient résultées pour le pouvoir, ont fait admettre, à cet égard, des distinctions dans lesquelles je ne me soucie pas d'entrer. Il me suffira de dire, en thèse générale, que partout où la liberté de la pensée sera comprimée au-delà des justes limites qui doivent lui être assignées, il n'y aura ni égalité, ni liberté, mais bien arbitraire.

La preuve de cela est que les lois répressives ne peuvent pas déterminer d'une manière positive jusqu'où peut aller le besoin, l'étendue de la pensée. C'est ce que les lois anglaises sur la matière ont parfaitement compris. Comme la raison humaine va toujours en s'agrandissant, nécessairement celui qui en proclamera les progrès dépassera ce que le gouvernement aura entendu par *liberté de la pensée;* et en détruisant des erreurs fatales à la société, mais indispensables à la fixité de ce gouvernement, établie sur certains vices qu'il se refuse à corriger, le pouvoir condamnera celui qu'il aurait le plus grand intérêt à ménager, celui qui, en annonçant des vérités, a usé de son droit qui est de penser, et de parler, lorsqu'il a pensé juste.

Assurément en admettant la liberté de la pensée, il est de l'avantage des peuples que la licence soit proscrite; car la licence n'est pas de la raison : elle est seulement de la folie, du crime ou au moins de l'immoralité. « Les principes qui doivent régler un « gouvernement sur cette question, dit un « célèbre publiciste (46), sont simples et

« clairs. Que les auteurs soient responsables
« de leurs écrits, quand ils sont publiés,
« comme tout homme l'est de ses paroles,
« quand elles sont prononcées, de ses ac-
« tions, quand elles sont commises. L'ora-
« teur qui prêcherait le vol, le meurtre ou
« le pillage serait puni de ses discours. Donc
« l'écrivain qui prêche le meurtre, le pillage
« ou le vol doit être puni ». Je ne demande
ni plus ni moins. Mais je souhaiterais que les
jugemens fussent portés, dans ce cas-là, par
ceux qui auraient intérêt à maintenir l'empire
de la pensée, à propager les lumières, et non
par ceux qui, attachés au pouvoir, vivent de
ses bienfaits, et par les maximes qui le dirigent : c'est-à-dire, comme on l'a répété
mille fois, que le jugement par jurés est le
seul qui convienne, le seul qui présente des
garanties aux hommes à talent, et aux besoins des peuples.

En général, le libre exercice de l'opinion
publique ne doit fournir que de spécieux
prétextes de répression légale. Voici pourquoi : son but étant d'éclairer, d'améliorer,

s'il ne se manifestait que par des propositions fanatiques et incendiaires, telles qu'en sont semés certains ouvrages et certains journaux, il n'inspirerait que le plus profond dédain, et par cela même ne trouverait aucun lecteur. Les ennemis irréconciliables de ce droit seront donc ceux qui vivent au détriment de la société, et qui voient dans la propagation des lumières un moyen infaillible de détruire les abus et les vices qui mettent obstacle à son bonheur. Aucun établissement ne comprit mieux la théorie de l'extinction de la pensée que le sacré tribunal du saint office, car sa durée fut assujétie à l'existence des opinions inhumaines qu'il s'efforçait à répandre. Aucun établissement ne doit lui être plus opposé, que celui des sociétés représentatives modernes, précieuse découverte qui, comme l'a dit un noble pair (47), est au nombre des quatre inventions qui ouvrent une nouvelle ère à leur perfectionnement.

De tous les droits politiques, celui de manifester librement sa pensée, est le plus

précieux en ce sens, qu'il atteint le but direct
que doit se proposer l'écrivain. Je dirai
même qu'aujourd'hui il est le plus utile,
et qu'il devrait être le plus général.

Je m'explique.

Ce droit est le plus utile, en ce qu'il est
le plus propre à exprimer les besoins des
peuples, à renverser les vices sociaux, enfin
à former les mœurs.

En effet, si un gouvernement repose sur
des abus, à force d'être combattus, ils seront à coup sûr détruits, pourvu qu'il n'y
ait pas péril à les attaquer. Le silence lui
sert d'autorisation et de prétexte. C'est sans
contredit à l'immobilité des pensées et des
paroles que l'on doit attribuer les erreurs du
règne de Napoléon et sa chute inespérée,
si la puissance absolue et les conquêtes ren-
daient inébranlables les bases d'un état.

Outre l'utilité, ce droit a aussi sa géné-
ralité, qui consiste à pouvoir *faire*, quand
il n'est pas possible ou nécessaire *de parler
sa pensée*. Cette faculté s'applique à tous les
actes de la vie politique et privée. Je la range

même dans la classe de l'industrie, sous ce rapport qu'elle est une combinaison qui tourne et au profit de celui qui la conçoit, et de la société intéressée à en admettre le principe et les conséquence. Elles se manifeste aussi bien dans l'invention de la machine la plus simple et la plus précieuse, dans la manipulation du gaz hydrogène, que dans le libre vote d'un électeur aux élections, ou dans le fait d'un imprimeur qui vit avec toute sa famille, par l'impression des ouvrages.

La manifestation des opinions est exercée chez les états modernes dans un sens différent et plus limité que dans l'antiquité, par le motif qu'ils sont infiniment plus vastes, et que les citoyens, comme à Athènes et à Rome, ne peuvent pas participer ouvertement sur les places publiques, aux entreprises politiques et à certains jugemens judiciaires. Pendant la révolution française, on avait cherché à arriver à ces résultats; mais les clubs l'ont perdue, parce qu'il était impossible qu'une majorité ignorante et furieuse, se trouvant en possession de délibérer, consentît à reconnaître son tort, et à voir détruire de sang-froid, par l'assemblée législative, les mesures qu'elle avait adoptées. L'action et la réaction qui se faisait, ressemblait au flux et au reflux de la mer; et en définitif, c'était toujours la force ou le pouvoir démocratique, puissance motrice et aveugle, qui dirigeait ces mouvemens. Alors on ne s'était pas aperçu que la France était un composé de républiques fédératives, toutes ayant autant de conseils, de passions et de vertus isolés qu'elle contenait de districts: et l'on n'avait considéré dans cette forme constitutive qu'une *seule* république. Erreur fatale!

Les sociétés modernes, ainsi que je viens de le dire, plus vastes et plus éclairées sous une infinité de rapports, que les petits états de l'antiquité, avaient, comme eux, besoin de vivre. La vie des hommes, pris en masse, étant différente de celle qu'ils mènent isolément, exigeait un établissement de rapports qui suppléât aux rassemblemens populaires. L'invention de l'imprimerie, invention admirable dans ses résultats, satisfit à ces nécessités (48); elle retira la société de l'état de mort où elle était plongée par un vice opposé aux convulsions démocratiques, c'est-à-dire par la force d'inertie, résultante du pouvoir d'un seul, combiné avec la plus grande masse d'ignorance possible. L'imprimerie facilita les travaux de l'esprit, étendit les connaissances déjà acquises, et donna lieu à l'établissement des journaux.

Les journaux sont les organes des opinions; mais ils ne sont que des truchemens bien imparfaits, s'il ne leur est permis de dire que ce qui convient au pouvoir. Voilà pourtant leur condition obligée, lorsque le terme de leur existence dépend de l'arrêt d'une cour royale. Alors la société est forcée de rester stationnaire, heureuse si elle ne rétrograde pas : car celle qui vit de ses erreurs, les embrasse comme des principes, et ceux-ci en produisant d'autres pires encore, elle finit par s'affaisser sous ses bases sapées dans l'intérieur, et ne représentant plus au dehors qu'un squelette sans vie. Les souverains s'embarrassent fort peu de ces vérités, pourvu qu'ils règnent. Différens des pères de famille qui économisent leur fortune pour leurs en-fans, ils ne songent qu'à jouir. Peu leur importe, ils ont régné; et il leur semble que l'histoire ne parlera d'eux qu'à la manière de leurs courtisans. Erreur fatale!....

La preuve qu'en France on ne possède pas tous les bienfaits de la libre manifesta-tion des opinions, c'est qu'indépendamment des entraves imposées aux productions de l'esprit, l'émission des sentimens politiques par les journaux n'est pas en rapport donné avec la population. En Angleterre, qui, certes, est moins populeuse, le nombre des journaux s'élève à 290,000; nombre qui pa-raît prodigieux en comparaison de la rareté de ceux autorisés en France. On ne peut pas dire que ce soit la faute des entrepreneurs, s'ils n'y deviennent pas plus multipliés; car dès qu'un nouveau paraît, il est saisi, traduit devant les tribunaux et étouffé; et ceux existans sont si bien comptés, qu'il ne saurait en naître d'autres, comme si on

avait fait pacte avec je ne sais quelle puissance des *ténèbres*, d'éteindre tout ce qui
aurait l'apparence d'une *lumière*. Cette
extrême sévérité de la part d'un gouvernement, qui ne doit vivre néanmoins que par
la publicité des opinions, ressemble fort à
cette loi turque, enregistrée parlementaire-
ment par l'uléma, qui proscrit la science, et
ne la tolère qu'au collége de Péra, dont l'entrée
n'est accordée qu'aux fils des visirs et des
pachas, dignes héritiers des maximes de
leurs pères. Que dis-je? cette loi est la même :
bientôt il ne sera plus permis aux pères de
famille de faire élever leurs enfans dans d'autres colléges que celui de Saint-Louis, ou
dans les petits séminaires de province.

En faisant sentir que les mœurs sont tout
dans un état, j'ai par cela même fait sentir
que la libre manifestation des pensées était
une loi rigoureusement indispensable. Car
les mœurs se forment par des maximes,
comme les cœurs par les exemples et l'éducation. Si ces maximes sont jésuitiques, les
mœurs le deviendront; et s'il n'est pas fa-

cultatif aux écrivains de s'exprimer d'après leur conscience, les mœurs seront le résultat des ordonnances contenues, chaque matin, dans le *Moniteur*.

Disons-le, on s'agite vainement : la société a une soif de science et de connaissances sur ses intérêts politiques, qui ne permet plus que des tentatives impuissantes. Elles exaspèrent, et voilà tout. Et le corps de résistances qui en résulte, forme à part un composé d'opinions plus dangereuses que celles qu'on veut détruire. C'est le volcan qui ouvre un cratère à côté de celui qui vient de se fermer, pour engloutir l'orgueilleuse *Catane*.

L'opinion publique est claire aujourd'hui en Europe. Les entraves apportées à ses conquêtes sont des chimères révoltantes. Naples, Turin et Madrid se laissent vaincre. Mais les germes des idées libérales fermentent par la persécution, et ce nuage qui s'est dispersé, ressemble à ces molécules de gaz inflammable, qui se promènent dans l'air, pour éclater en incendie effrayant.

Il faut bien que la liberté soit à l'abri des agressions humaines, et jusqu'à un certain point des volontés. Elle a sommeillé durant bien des siècles, lorsque l'Europe était en proie à l'ignorance et à l'anarchie féodale. Mais elle n'est pas morte, parce qu'elle est immortelle, comme le mouvement et l'ordre. Je ne saurais mieux la comparer qu'à cet être bienfaisant et blanchi sous le poids des années, qui se présentait toujours pour faire le bien. Repoussé, il revenait, finissait par se faire chérir. Cette liberté a été et sera de même pour ses enfans ingrats. Ah! divine liberté, est-il possible que des âmes grossières comme la matière, ne soient pas frappées de tes bienfaits ?

CHAPITRE X.

DE L'INDUSTRIE.

CE n'est pas assez d'avoir indiqué dans le cours de cet ouvrage, que l'industrie et la liberté se prêtent un mutuel secours, il faut le démontrer. Avant de pénétrer dans des théories, employons des vérités de fait, des vérités historiques, et nous saurons que les états où l'industrie a fleuri avec le plus d'éclat, étaient ceux chez lesquels les principes de la liberté avaient fait le plus de progrès, et *vice versâ*. Je ne rappellerai point les riches productions des pays commerçans de Tyr et de Phénicie, les anciens avantages dont Marseille était en possession, les règnes des beaux-arts à Athènes et à

Rome (49), où l'on avait découvert, même
en fait d'industrie manufacturière, tout ce
que les connaissances du temps permettaient
de savoir. Je ne dirai point que les pas immenses que l'Angleterre a faits dans ce genre,
datent particulièrement de sa révolution de
1688 ; qu'en France les progrès de l'industrie n'ont commencé à influer utilement
qu'à l'époque où le régime de la féodalité
reçut de rudes atteintes, et qu'ils devinrent
surprenans lorsque la profession commer-
ciale ne fut plus une tache pour les citoyens
qui l'exerçaient ; mais au contraire un
honneur qui recommande à l'admiration et
à la reconnaissance des hommes, ceux qui
y ont fait des découvertes nouvelles (50).
Ces faits et une infinité d'autres que je
m'abstiens de citer sont connus de tout le
monde ; et l'exposition récente des produits
de notre industrie vient encore à l'appui
de mes assertions.

Pour donner plus de poids à ces faits, je
citerai un assemblage de principes dont la
clarté me paraît d'une certitude absolue :

1° Si l'industrie n'est point encouragée, elle restera brute, bornée aux premières nécessités, et sera stationnaire.

2° Si elle n'est encouragée que par une certaine classe de la société, elle se bornera à des choses de luxe, comme les riches étoffes de l'Inde ou les soieries de Lyon (51).

3° L'industrie n'est utilement excitée, que lorsqu'elle tourne au profit de toutes les classes de la société; c'est-à-dire, lorsque, par les bienfaits de la liberté, tous les citoyens ont assez d'aisance pour s'en procurer les résultats au meilleur marché possible.

4° Sous quelque forme qu'on la prenne, qu'elle soit commerçante ou inventive, il faut que celui qui gagne sa vie par l'industrie, puisse s'approprier son labeur. Ainsi, l'ancien gouvernement de France était tout-à-fait pernicieux au développement de l'industrie (52). Celui d'aujourd'hi ne lui est pas entièrement favorable, parce que les impôts y sont trop considérables, et que le manufacturier ou le simple commerçant n'y travaille pas assez pour lui-même.

5° L'industrie ne serait rien sans le commerce. Or, le commerce des états constitutionnels est étendu et florissant; celui des monarchies exigu. Il appartient dans celles-ci à certaines compagnies ou corporations qui en ont le monopole, et le reste des citoyens travaille pour ne rien gagner (53).

6° Sans les lumières, point d'industrie, car lorsqu'une profession est avilie, ce n'est pas le moyen qu'elle devienne utile à la société. Si elle se soutient, elle devient égoïste, comme les juifs. J'aime beaucoup Charles-Quint quand il fait ériger une statue à Guillaume Beukelsoon-Bukel qui avait trouvé le moyen de saler et d'encaquer les harengs (54).

7° Enfin, l'état industriel est le plus important dans une nation. La république aime les égalités de droits : la monarchie l'aristocratie de fait.

Dans une société où l'industrie est honorée, et où les institutions sont déjà bonnes, il est impossible que l'aristocratie y devienne dangereuse. Par conséquent elle agira dans l'intérêt de l'état ou de la liberté. Cela arrive ainsi en Angleterre.

La raison que l'aristocratie n'y sera pas dangereuse, résulte de ce que cette aristocratie, composée des anciennes familles industrieuses, est obligée de devoir tout à elle-même pour se maintenir dans sa salutaire prépondérance. Ainsi tout le monde sera fabricant, manufacturier, commerçant, etc., tout le monde s'adonnera à des professions utiles (55).

Le mérite de l'aristocratie sera tellement en elle-même que, si elle se reposait sur la naissance ou la fortune, elle tomberait en décadence, et serait bientôt remplacée par une nouvelle qui rendrait plus de services. Telle est la conduite de l'aristocratie anglaise; tel est le motif qui la rend plus éclairée, plus utile que celle des autres parties du globe.

Comment serait-il possible que l'industrie fût nuisible à la liberté d'un peuple? et comment pourrait-il se faire que l'aristocratie y devînt un sujet d'ombrage pour ce peuple? Pour cela, il serait rigoureusement nécessaire que l'industrie devînt despotique, et qu'elle renonçât à être industrie, c'est-à-dire qu'elle pût par son propre poids empêcher de nouvelles découvertes, en répandant les ténèbres. Alors elle serait, en quelque sorte, une classe privilégiée, qui transmettrait à ses descendans ses priviléges sans qu'ils les aient acquis.

Au contraire, l'industrie, en s'emparant de toutes les connaissances utiles de la société, créera l'honneur et le patriotisme dans cette société. Tous les citoyens seront des enfans dévoués à des institutions qui appelleront à elles l'intelligence et le travail.

Dans ce sens, l'industrie sera contraire aux prétentions surannées; car le manufacturier ou le mécanicien qui feront une découverte précieuse, recevront des mains du souverain, la palme due à leur génie, dans la salle du trône. Ils s'enrichiront par leur génie, et ils feront partie de cette aristocratie utile et éclairée. Il faudrait être ingrat si l'on ne reconnaissait pas que le roi de France, dans cette solennelle circonstance, replace l'homme dans sa situation naturelle. Si, dans l'état sauvage, l'homme est le roi de la terre en terrassant les lions et les panthères, il est le roi de la terre, en société civile, par la force de son intelligence et ses travaux utiles.

Ainsi l'industrie ne permettra pas qu'il y ait des professions avilies ni déshonorantes. Assez long-temps les préjugés ont défendu ces erreurs. Qu'elles expirent donc avec les préjugés, car l'industrie fait d'immenses progrès.

La moralité des mœurs sera la conséquence de ces progrès : car l'homme ne travaillant pas seulement pour vivre, mais encore par honneur, sera vertueux. Les sinécures, les états de prolétaires, de courtisans, d'intrigans et d'escrocs, seront notés d'infamie et disparaîtront forcément.

Que les ignorans réfléchissent donc sur toutes ces vérités, et ils ne mépriseront personne. C'est à ces vérités qu'ils reconnaîtront que le retour de l'ancien régime est aussi impossible que ridicule. Ils en seraient convaincus, si, dans le moment où toutes nos richesses manufacturières, etc., étaient étalées au Louvre, ils avaient quitté le fond de leurs demeures pour venir les visiter (56).

En observant ce qui se passe aujourd'hui en France, d'un côté la tendance progressive de l'industrie vers la perfection, et de l'autre le mépris pour nos garanties politiques, je suis tenté de croire qu'il y a moins de danger pour nos libertés qu'on pense communément. Selon moi tout le péril est pour le pouvoir et non pour la liberté.

Ainsi, je le répète, toutes mes espérances sont dans l'industrie. Elle fécondera le germe des heureuses dispositions innées dans les âmes françaises, et servira de sauvegarde à nos institutions, en propageant l'amour du travail qui est la richesse morale et physique des nations (57).

CHAPITRE XI.

RÉSUMÉ.

J'AI prouvé que tant qu'il y aurait un orgueil social à part de l'orgueil national, il n'existerait point de liberté. La raison pour laquelle cela est, résulte de ce que la force des institutions ne suffit pas pour faire le bonheur de la nation française, attendu que dans l'état présent l'inégalité de fait l'emporte sur l'égalité de droit.

J'ai prouvé, par conséquence du chapitre précédent, que l'intérêt individuel aurait les mêmes effets, en consacrant les corporations et les sectes, et en détruisant les affections publiques, qui veulent que les parties se sacrifient au tout, afin qu'il y ait vraiment force politique ou *patrie*.

En passant de l'intérêt individuel à l'attachement aux préjugés, la transition était toute naturelle, car les préjugés ne sont qu'un intérêt particulier et extraordinaire, provenant soit de l'ignorance, soit d'une éducation mal dirigée. Dès qu'ils sont capables de paralyser les ressorts d'une bonne constitution, d'arrêter les découvertes de l'industrie, et de replonger la nation dans les ténèbres ou du moins d'entraver ses progrès, il est donc du devoir et de l'utilité des Français de travailler à les détruire ; car les lois ne peuvent qu'indiquer ou préparer des changemens dans les mœurs : elles sont impuissantes lorsque le peuple se refuse à les opérer.

Des préjugés au fanatisme la transition était pareillement naturelle et progressive. En démontrant quelles furent les conséquences du fanatisme, j'aurais fait assez pour en corriger à jamais les hommes, si je ne craignais, par ce qui se passe actuellement, que ses excès ne se reproduisissent, s'ils ne montraient une force de volonté capable d'effrayer ceux qui tentent de les exciter ou de les favoriser.

En traitant de la délation, j'ai regardé comme une honte pour notre siècle qu'on ne rougisse pas de se servir d'un pareil moyen pour arriver à la découverte du crime. Ce moyen est plutôt fait pour l'encourager que pour en purger la société.

Par la compression de l'opinion publique, le système anti - social est complet; mais il pourra arriver que les partisans de ce système perdent le gouvernement, sans qu'ils empêchent la progression des lumières et le règne d'une sage liberté.

Enfin, dans le chapitre consacré à l'industrie, j'ai développé cette opinion : « que la liberté et l'industrie se favorisent mutuellement ».

En un mot, toutes les réflexions contenues dans cet ouvrage, se réduisent aux termes suivans : « La société se trouve partagée, maintenant en France, en deux partis, l'un qui sait et l'autre qui ne sait pas ; l'un qui place l'amour de la patrie dans l'intérêt général, et l'autre qui le met dans l'intérêt particulier ». De cette manière d'envi-

sager les devoirs politiques dans les derniers,
il résulte donc que l'orgueil, l'intérêt individuel, l'attachement aux préjugés, le fanatisme, la délation et la compression de
l'opinion publique, sont les vices sociaux
les plus contraires au bonheur dont l'homme
doit jouir.

FIN.

NOTES.

(1) Aux époques que je viens de mentionner, on étai
si peu disposé à faire ces sacrifices que, déjà, une lutte
s'était élevée entre les anciens constituans et les membres de la législative, dans un moment où l'accord le
plus étroit devenait indispensable. « Pour me servir des
expressions de M. *Thiers*, une sorte de vanité aristocratique avait gagné les premiers, et il semblait, par leurs
discours, que toute la science politique était devenue
impossible après eux ». Les derniers les payèrent de retour, comme il est aisé de le vérifier par beaucoup
d'actes, et notamment par le discours de Guadet, prononcé le 14 janvier 1792, au sujet de la modification
proposée à la constitution par Léopold II, et par le
décret qui en fut la suite.

(2) Chose admirable ! la religion chrétienne, qui ne
semble avoir d'objet que la félicité de l'autre vie, fait
encore notre bonheur dans celle-ci. (Montesquieu, Esprit des Lois, liv. XXIV, chap. III.)

(3) Cette doctrine fut aussi embrassée par les *priscil-
lianistes*, sectaires qui s'élevèrent au commencement de
l'ère chrétienne. Ils assuraient que les âmes étaient de
même nature que Dieu. Avant eux, d'autres philosophes
avaient pensé ainsi.

(4) Cette opinion répond victorieusement à M⁺ Duveyrier, ancien tribun et avocat à la cour royale de Paris, qui, dans un mémoire judiciaire, m'accusait gratuitement de vouloir le rétablissement de la *loi agraire*. On est toujours sujet à erreur, lorsqu'on substitue la passion à l'impartialité. Sans doute que le partage égal des terres serait la plus belle, la plus utile institution. Mais comme ce partage est impossible à conserver, il est pour le moins chimérique. Les événemens de Sparte l'ont prouvé. On exciterait en vain une émulation toujours croissante, dès que la paresse, la maladie ou le nombre des enfans rompraient l'équilibre des fortunes, l'égalité de biens cesserait, et, au bout d'un certain temps, on retomberait dans l'état duquel on avait voulu sortir. Si les législateurs qui ont adopté cette loi politique, avaient accordé des récompenses horifiques aux citoyens laborieux qui, dans un intervalle donné, auraient plus acquis que les autres, afin de les engager à remettre à ceux-ci le surplus de leur portion, *communi dividendo pariter,* il est possible que cet état se fût maintenu long-temps ; car l'on sait jusqu'à quel point les peuples de l'antiquité, ceux de la Grèce surtout, étaient esclaves de l'honneur et de l'intérêt général. Aujourd'hui cela ne pourrait être, les passions, les mœurs n'étant plus les mêmes. Ainsi, de toutes manières, celui qui rêverait la loi agraire, commettrait une monstruosité en politique. Si cette égale possession des terres doit être un jour, elle s'opérera par les progrès indéfinis de l'industrie, dont la conséquence sera la plus grande division possible des propriétés.

(5) Nos lois criminelles n'ont pas du tout ce caractère. Espérons que la révision qui en est sollicitée, sera prochainement accueillie par le gouvernement. Il n'est rien de plus immoral, en effet, qu'une législation qui ne met aucune différence entre le petit coupable et le grand, le voleur de quelques *pommes de terre* arrachées pour se préserver de mourir de faim, et le voleur d'objets qui ont cent fois plus de valeur.

(6) Les éloquentes réclamations adressées aux ministres par divers membres de la chambre des députés, attestent que cet infâme trafic est encore toléré. A quoi bon *l'académie française* couronne-t-elle les meilleurs poëmes sur la traite des nègres, et la société de la *morale chretienne* propose-t-elle pour prix du concours de cette année la même matière, si les réflexions faites par le talent ne sont d'aucune utilité pour ces malheureux auxquels il ne manque que le bonheur de la civilisation pour en faire des êtres semblables à nous? Les États-Unis font mieux, ils laissent les phrases aux Français, et déclarent par une loi, « Que la traite des nègres sera regardée comme une piraterie. En conséquence, ceux des Américains qui se livreront à ce honteux commerce, seront passibles des peines portées contre ce crime. Leurs agens diplomatiques ont aussi l'ordre de présenter des notes à leurs cours respectives, pour les engager à adopter des mesures semblables à l'égard de leurs sujets, et à déclarer ainsi *la traite piraterie dans le monde entier.* Enfin les États-Unis condamnent tous les bâtimens armés pour la traite, quoi qu'ils n'aient pas d'esclaves à bord ». La vérité et la phi-

lantropie viendront donc toujours des États-Unis! Depuis que cette note a été composée, il paraît que le gouvernement a pris en considération les observations des agens diplomatiques des États-Unis, puisqu'il a paru une ordonnance relative à la traite des nègres.

(7) M. le baron Massias, dans un ouvrage récent qui vient de le placer au premier rang, dit : « Tandis que les animaux vivent et meurent, sans désirer d'autres biens que ceux qui leur ont été départis, l'homme est tourmenté par la soif du bonheur. Serait-il un être incomplet? » A cette question si bien posée pour le cas auquel je l'applique, je prie les esprits qui croient avoir réfléchi parce qu'ils sont dédaigneux, ou savoir beaucoup, parce que la vérité ne les a jamais frappés, je les prie, dis-je, de faire une réponse où les mots de *rêverie*, ou de *roman politique* suivant un esprit *malin*, et surtout bien *malin*, ne soient pas employés. Par là ils seront au moins forcés à étudier ce qui leur est demandé.

(8) La loi des Douze Tables avait défendu aux patriciens de contracter mariage avec des plébéiens ; mais cette disposition fut bientôt supprimée par la loi dont le tribun Canuléius était l'auteur, et qui avait pour but de permettre aux plébéiens et aux patriciens de contracter ensemble des mariages. La seule exception admise par la suite fut celle contenue dans la loi *Papia Pappea*, qui défendait aux patriciens d'épouser celles des plébéiennes qui n'étaient pas de condition libre, ou qui exerçaient des métiers vils ou déshonorans, tels que celui de comédienne, de filles qui se prostituaient

ou qui favorisaient la prostitution, de filles surprises en adultère avec un homme marié, et de femmes répudiées pour le même crime. Une circonstance remarquable, c'est qu'au même moment où l'alliance des patriciens avec les plébéiens était autorisée, les derniers obtenaient aussi qu'ils auraient droit au consulat. On connaît les événemens qui donnèrent naissance à cette loi ; ils furent encore produits par l'orgueil patricien.

(9) Cette prérogative qu'ils exercèrent jusqu'en l'année 495 de la fondation de Rome, avait cependant été possédée, mais rarement, par les plébéiens, comme on le voit dans Denys d'Halicarnasse.

(10) En 1254, saint Louis rendit une ordonnance contre les guerres privées que se faisaient les seigneurs, et contre les incendies, principaux exploits de ces guerriers. En 1260, il en rendit une autre, qui prohibe les duels en matière judiciaire, et leur substitue la preuve par témoins. Ces lois ne furent point exécutées, et il s'attira les injures des seigneurs laïques et ecclésiastiques, qui le traitèrent d'*imbécile*, de *bigot*, de *papelard*, de *béguin*, de *tyran*, de *parjure*, etc. Il arriva dans cette circonstance au roi saint Louis ce qui est arrivé depuis à tous ceux qui ont attaqué les vices de la barbarie, et tenté d'améliorer l'état social : il eut le sort de tous les novateurs bienfaisans. Le motif de cette grande colère était la crainte qu'avaient les seigneurs de perdre les amendes qu'ils percevaient sur les vaincus, amendes qui consistaient en 60 sous, si ce malheureux était roturier, et en 60 livres, s'il était noble. (Voir Dulaure, *Hist. de Paris*, et Jean Savaron, p. 14, 15, etc.)

(11) Comment se fait-il , dit M. Schlottmann dans ses *Aphorismes politiques*, comment se fait-il que, plus un gouvernement a de dettes , plus il voit s'accroître son crédit ? C'est que la même industrie par laquelle l'emprunt s'opère ou qui le rend possible, contribue à faire hausser les effets publics , dont le paiement a son gage le plus assuré dans les produits de l'industrie nationale.

(12) La Banque de France fut établie en 1716. Law en fit goûter l'idée.

(13) Voy. l'abbé Raynal , *Etablissement dans les deux Indes*.

(14) Aristote avait fait le recueil des constitutions de plus de 158 États, à commencer par Carthage, jusqu'à la pauvre et petite Ithaque..... Les huit livres politiques d'Aristote étaient en quelque sorte l'*Esprit des Lois* de l'antiquité.

(15) Cette doctrine est fort différente de celle que professait dernièrement un rédacteur de *la Quotidienne*. Il prétendait que la tendance de la société était vers le repos absolu. Bon pour lui qui fait consister probablement la société dans une funeste aristocratie. Mais que deviendrait le peuple, s'il ne travaillait pas? Je dirai , au contraire, que la tendance de la société est vers l'agitation : sans cela, point de bonheur, point d'institutions, point d'industrie. La Chine, qui est l'État le plus tranquille, est aussi l'État le plus stationnaire. Cependant elle éprouve quelquefois des agitations qui viennent à l'appui de mon raisonnement.

(16) Tout le monde ne connaît pas la noble conduite de ce vertueux citoyen.

Après la journée du 20 juin 1792, il pressa vivement
Louis XVI de se rendre à Rouen, où il commandait ; il
contribua de sa bourse et de son zèle à réchauffer le dé-
voûment des royalistes. Depuis cette époque, il n'a cessé
de se dévouer au bien public. On lui doit la propagation
de la précieuse découverte de Jenner, et la fondation
d'une école des arts et métiers à Châlons, qu'il avait
déjà établie, avant la révolution, à sa terre de Liancourt, pour y faire élever gratuitement les enfans des
invalides peu fortunés. A cette époque, Liancourt ne
comptait que 700 âmes : aujourd'hui il en compte 1500,
tant les bienfaits répandus par cet homme généreux y
ont attiré de familles indigentes. De tous les services
rendus à son pays, M. le duc de la Rochefoucauld ne
possède pour récompense que celle qui lui est offerte
chaque jour par sa conscience. C'est la récompense du
juste. Que d'hommes seraient heureux de la posséder !..

(17) Cette vérité est plus générale en province qu'à
Paris, où le service de la garde nationale est devenu
une nécessité pour l'autorité.

(18) Voir Aignan, dans son excellent ouvrage sur le
jury.

(19) La preuve en est que les sintoïstes, secte du na-
turalisme au Japon, regardent le sang comme la plus
grande de toutes les souillures. Cependant les prêtres
du pays les détestent et les décrient, parce qu'ils ne
prêchent que la raison et la vertu sans cérémonies.

(20) Berriat-Saint-Prix.

(21) Le pays de Vaud s'est approprié dernièrement
nos lois civiles. M. Forbin-Janson, dans son ouvrage

intitulé, *Souvenirs de Sicile*, dit qu'à son passage à Rome, en 1820, il rencontra l'enterrement du célèbre jurisconsulte Bartolucci. Il venait de terminer naguère, dit-il, par ordre du pape, le mélange de l'ancien code pontifical avec les lois françaises, et disait, peu de jours avant sa mort : *Morrò contento, sono infine ruscito divertire da abbato il codice Napoleone.*

(22) Qu'on fasse bien attention que dans cette définition je particularise; c'est-à-dire, que je parle uniquement du préjugé politique qui est la source de tous les autres. Or, ce préjugé n'est-il pas comme une vapeur qui nous rend en quelque sorte des êtres idéaux? Les plus véritables que je connaisse sont les rêveurs du retour de l'ancien régime, qui ressemblent effectivement à Polichinelle, car ils ne parlent ni n'agissent comme les autres.

(23) En prenant ce raisonnement à l'extrême, on serait en droit d'en nier la conséquence, car il est impossible qu'il n'y ait pas toujours plus ou moins d'erreurs dans les dernières classes de la société. Il n'est question ici que de ceux qui reçoivent de l'instruction, et qui, au lieu de fortifier leur esprit, reçoivent les erreurs comme des vérités.

(24) On a dû voir dans une note précédente que cette prérogative n'avait appartenu aux patriciens romains que jusqu'en l'an 495, et que même, suivant Denys d'Halicarnasse, les plébéiens avaient rempli quelquefois, avant cette époque, les fonctions sacerdotales.

(25) La faculté de penser et communiquer ses idées par la parole n'a pas d'autre but, comme l'a indiqué M. Cuvier, dans ses élémens d'histoire naturelle.

(26) Galilée fut jeté en prison à soixante-dix ans, pour avoir découvert une vérité en contradiction avec le miracle de Josué, attesté par les livres saints. Il avait deviné la forme et le mouvement de la terre, et le voyageur Drake vérifia son assertion. Pour mettre dans le cas de mieux juger les effets de l'ignorance, des préjugés et de l'intérêt particulier, je citerai l'abjuration suivante qui lui fut arrachée par le tribunal du Saint-Office : « Moi, Galilée, dans la soixante-dixième année » de mon âge, étant constitué prisonnier, et à genoux » devant vos éminences, ayant devant mes yeux les » saints Évangiles, que je touche de mes propres mains... » j'abjure, je maudis et je déteste *l'erreur et l'hérésie* » *du mouvement de la terre*, etc. » Cette expiation achevée, on prohibe ses dialogues ; on le condamne à la prison pour un temps indéfini, et on lui ordonne, pour punition salutaire de réciter, une fois par semaine, les sept psaumes de la pénitence, pendant trois ans. Telle fut la récompense d'un des plus grands génies qui ait jamais éclairé l'humanité. On dit qu'après avoir prononcé son abjuration, rempli du sentiment de l'injustice que lui faisait son siècle, il ne put s'empêcher de dire à demi-voix, en frappant du pied la terre : *e pur si muove* (et pourtant elle se meut). La vérité de cette expression a parfaitement été rendue dans un tableau de l'exposition dernière, de la composition de Laurent.

(27) M. de Wilberforce a dit une grande vérité, en avançant « que, pour les peuples anciens appuyés sur des croyances fausses et périssables, la civilisation était toute dans le passé, et n'avait pas d'avenir; mais que

pour nous, sectateurs de la vérité, notre civilisation, c'est un progrès continuel vers le plus haut degré de lumière, de justice et d'humanité. » N'est-ce pas aussi la confirmation de l'idée de Condorcet?

(28) L'Angleterre a accepté les relations commerciales proposées par M. Zea, et la Suède l'a imitée sur la demande faite par le vice-président de la république, et transmise par M. de Lorichs, consul-général de Suède en résidence à Colombie.

(29) Ce qui prouve qu'avec ce prétendu droit la paix publique sera toujours troublée, c'est ce qui se passe aujourd'hui en Espagne depuis le rétablissement de Ferdinand VII. Les nobles efforts du duc d'Angoulême, son libérateur, sont infructueux pour réconcilier les esprits, et l'animosité des partis est aussi extrême que jamais.

(30) Comment l'indulgence pourrait-elle être une faute, lorsqu'on lit cette peinture de l'homme, faite par saint Augustin lui-même, dans son livre 4, contre Pélage : « La nature, plus marâtre que mère, a jeté l'homme dans la vie avec un corps nu, frêle et débile, une âme que l'inquiétude agite, que la crainte abat, que la fatigue épuise, que les passions emportent, et où cependant reste, comme à demi étouffée, une divine étincelle d'intelligence et de génie. »

(31) *Voyez* Plutarque.

(32) M. de Châteaubriant a vu pareillement dans ces qualités un gage qui rendrait un jour florissans les Espagnols, lorsque les nations européennes seraient ensevelies dans la mollesse et la dissolution.

(33) Le christianisme est la plus sociale et la plus to-

lérance des religions; et ce n'est que par un renverse-
ment complet de son institution et de ses principes, qu'il
a pu enfanter des massacres et participer aux démêlés
de l'ordre politique, aux intérêts des états ou des princes. Cette religion n'a rien de terrestre. Si elle habite
la terre, ce n'est pas afin de la posséder; c'est pour
nous y montrer le chemin du ciel. (Anal. des quatre
concordats de M. de Pradt, par M. Lanjuinais.)

(34) Les *nicolaïtes* voulaient que les femmes fussent
communes. Les *gnostiques* enseignaient que la foi suffi-
sait sans les bonnes œuvres. Les *montanistes* croyaient
que le Saint-Esprit avait enseigné par la bouche de *Mon-
tan*, une discipline beaucoup plus parfaite que celle
établie par les apôtres. Les *nestoriens* proclamaient
que Marie n'était point mère de Dieu. Les *donatistes*
soutenaient que la véritable église avait péri partout,
excepté dans celle qu'ils avaient eux-mêmes en Afrique.
Les *ariens* niaient la consubstantialité, c'est-à-dire, l'é-
galité de substance du fils avec le père dans la Trinité.
Les *iconoclastes* se refusaient au culte des images et les
brûlaient.

(35) Le mariage ne fut pas toujours défendu aux prêtres,
comme on le sait, par plusieurs conciles, et particulièrement par celui d'Orléans. On lit aussi dans Frédegaire,
liv. 8, ch. 11, que Palladius, évêque de Saintes, de *concert*
avec son épouse, persécutait les citoyens. Cet évêque
fut aussi très-réprimandé par le roi Gontran, en concile
tenu à Orléans en 585, bien avant celui dont je viens
de parler. Le roi lui dit : « Te voilà pour la troisième
fois convaincu de parjure; tu m'as trompé, en m'adres-

sant de faux rapports; tu approuvais ma conduite dans tes lettres, et tu la condamnais en écrivant à mon frère (Charibert). Toujours avec moi tu t'es conduit en fourbe. » Voici un autre exemple, tiré de Grégoire de Tours, liv. 8, ch. 39. En 585, Magnatrude, femme de Badégisile, évêque du Mans, coupait les parties sexuelles des hommes, ainsi que la peau de leur ventre, brûlait les endroits les plus secrets des femmes avec des lames de métaux. Par capitulaire de 769, Charlemagne défend aux évêques d'avoir plusieurs femmes.

(36) Je pourrais encore citer, comme une preuve que le despotisme a toujours favorisé le fanatisme, le fait de Philippe II, petit-fils de la sœur de Charles II, mort sans enfans, et de Louis XIV. Philippe II, à son avènement au trône, refusa d'assister à un auto-da-fé donné en son honneur, et montra l'intention de les supprimer pour toujours, comme contraires à la saine morale; mais n'étant pas encore bien assis sur son trône, sur la remontrance de Louis XIV, il s'en servit comme d'un moyen de s'y affermir, d'étendre son autorité et de maintenir la paix publique.

(37) Persécutés par le petit-fils d'un roi qu'ils avaient placé sur le trône, les protestans, par qui fleurissait en France l'industrie manufacturière, se virent contraints à s'expatrier, et à porter chez l'étranger les fruits de leur expérience et de leurs découvertes. (De Jouy).

(38) Las-Casas, l'un des aïeux de M. Las-Case, l'auteur du *Mémorial de Ste.-Hélène*. Cette famille s'établit en Espagne vers le XIV⁰ siècle, je crois.

(39) Au 12ᵉ et au 13ᵉ siècles, c'était une coutume très en vogue que les confesseurs fustigiassent dans l'église leurs pénitens. Montfaucon, dans ses monumens de la monarchie française, a donné la gravure d'une peinture d'un des vitraux de l'abbaye de Saint-Denis, où saint Louis était représenté nu devant un moine qui le fouettait. *Guillaume de Nangis* dit dans ses annales de saint Louis, que le roi avait des confesseurs qui le traitaient rudement, et lui déchiraient la peau : il ne s'en plaignait point. Mais voyant que frère Geoffroy de Beaulieu agissait avec plus de ménagemens, il lui en fit l'observation en badinant.

(40) Jésus-Christ veut qu'on pardonne non-seulement une fois, mais encore, comme le dit saint Paul, soixante-dix-sept-fois, c'est-à-dire autant de fois qu'on deviendra coupable et qu'on s'en repentira.

(41) Ces vénérables pasteurs étaient pénétrés de ce que saint Grégoire de Nazianze leur impose dans les devoirs du sacerdoce, sect. 8 : «Leur devoir, dit-il, est d'agir par voie de douceur et de charité ». Parlez avec sagesse et avec science, dit le sage, et surtout ne troublez point l'harmonie. (Ecclésiastique, chap. 6, v. 5.)

(42) Si par hasard cet ouvrage tombe sous la main de quelques prêtres, ils ne manqueront point de me traiter d'impie, d'incrédule. Ils auront tort, je suis chrétien, et je remplis tous les jours les devoirs de ma religion, sans m'en vanter ; ils me regarderont comme leur ennemi, ils auront encore tort. Personne ne vénère autant un prêtre que moi. Lorsque je vois son cœur ouvert à tous les sentimens affectueux et nobles, je le regarde comme

l'être le plus précieux à la société. Je ne veux pas dire que ceux qui ont ce caractère ne soient pas nombreux; j'en connais au contraire beaucoup; mais ils ont de l'expérience ou du savoir qui la supplée.

(45) Voici ce qu'on lit dans le Mémorial universel de l'industrie française, ouvrage dédié au roi, pag. 496. Cet établissement (l'école lancastrienne) a pour but d'étendre à toute la population les avantages d'une instruction morale et religieuse, de ne pas permettre qu'un seul individu soit privé des lumières nécessaires à son état, à sa situation, de lui inculquer, par la lecture, les principes de religion et de morale, l'idée du juste et de l'injuste, l'horreur du vice et l'amour de la vertu, et subsidiairement d'empêcher, par la conviction de ces mêmes principes, l'abus des moyens qui lui ont servi pour les acquérir, c'est-à-dire de l'usage de l'écriture et de la lecture. Tout a été dit sur les inconvéniens et les avantages de l'éducation. Il n'est pas un homme de bon sens qui ne soit persuadé qu'une instruction extrêmement limitée, seulement suffisante pour développer l'intelligence et les bons sentimens, ne soit le meilleur frein à opposer aux penchans grossiers, aux passions sauvages de la multitude, et qui ne reconnaît par l'expérience qu'il n'y a rien à gagner avec l'ignorance et la férocité. En Écosse, où tout le monde sait lire et écrire, il se commet un crime sur vingt-trois mille individus. En Irlande, où le peuple est dans l'abrutissement, il s'en commet un sur mille cinq cents. Sans doute il ne faut pas faire des enfans du peuple des savans; mais il serait plus dangereux encore

d'en faire des brutes : il faut qu'ils aient le sentiment
de leurs devoirs, et la possibilité, pour les mieux rem-
plir, de subvenir plus facilement à leurs besoins. *L'en-
seignement mutuel* n'est qu'un moyen d'arriver plus
vite à ce résultat... Il est bien important de ne pas laisser détruire des établissemens dont partout on reconnaît les avantages, et pour lesquels on réclame un si
faible encouragement.

(44) C'est le fait d'une mère de Sparte, connu de
tout le monde.

(45) On voit par les ordonnances du Louvre, tom 1ᵉʳ
pag. 99, que saint Louis se procura aussi le plaisir d'encourager la délation, et d'établir l'espionnage.

(46) **M. B. Constant**, de la liberté des pamphlets et
des journaux, deuxième édition, pag. 72.

(47) **M. de Châteaubriant.**

(48) **Je** ne sais dans quel auteur j'ai lu que l'imprimerie est semblable à cette course aux flambeaux, en
usage parmi les Grecs, et où l'on voyait les lumières
changer de mains, sans jamais s'éteindre. Par elle les
conquêtes des siècles passés se transmettent aux siècles
à venir.

(49) **Vainement** a-t-on dit que la chambre à coucher
d'Aspasie, le salon de Périclès, n'étaient éclairés
qu'avec des morceaux de bois d'olivier, qui brûlaient
dans des réchauds d'argent, comme dans les Landes
des Pyrénées, les paysans se servent encore de bâtons
de résine; il n'en est pas moins vrai que l'industrie
agricole était fort pratiquée en Grèce, et que le père de

Démosthènes tirait un bon parti de ses manufactures d'armes et d'épées.

Vainement a-t-on dit encore que les arts de la Grèce ne firent que dégénérer entre les mains des Romains, maîtres du monde ; que ce peuple-roi ne connaissait pas les vitres, et que le jour n'entrait qu'à peine dans ses palais de marbre ; que les chaumières sans foyer laissaient l'indigent en proie à toute la rigueur des saisons ? cette opinion ne part que d'exceptions. Tout ce que les Romains ont fait de grand en toutes choses, montre qu'ils ne savaient pas, en fait d'industrie, que ce que l'ignorance en physique, en chimie, cachait à leurs yeux. Ils étaient, sous ce rapport, au même point que les autres peuples.

(50) Ce qui rendait cet honneur rare dans l'ancien régime était l'établissement des maîtrises et des jurandes organisées définitivement par Henri III, et nées beaucoup avant lui, comme on le voit par la *Hanse parisienne*, *communauté ou confrérie* de la marchandise de Paris, à laquelle Philippe-Auguste accorda quelques droits et même une espèce de juridiction. Cette institution faible et obscure dans son origine, reçut de la consistance ensuite. Dès l'an 1258, Etienne, prévôt des marchands, dans une ordonnance de police, donna au chef de cette confrérie le titre de *prévôt* des marchands, et aux confrères celui de *jurés* de la confrérie des marchands, et quelquefois aussi celui d'échevins. Elle devint corps municipal de Paris.

M. Turgot sentait à tel point que ces confréries étaient nuisibles, qu'en 1776, il fit rendre un édit qui les supprimait. Elles furent rétablies après son ministère, et détruites par l'Assemblée constituante. On a tenté de les restaurer il y a deux ans, mais la délibération du conseil-général des manufactures, du 24 avril 1821, et le rapport fait au conseil-général du commerce, dans la séance du 18 mai 1821, rendirent ces efforts superflus. M. Pavy, député de la ville de Lyon, et fabricant de cette ville, ne craignit pas, à cette époque, d'avancer à la tribune que la suppression des corporations avait été pour cette seconde capitale de la France le signal de la ruine de son industrie. On trouve dans l'ouvrage de M. de Jouy sur l'industrie un calcul mathématique qui rend claire l'absurdité de cette assertion.

« En 1789, il n'existait à Lyon que 14,500 métiers. En 1820, on en comptait 24,000. Dans les années 1787, 88, 89, on tirait du sol des produits en soie, pour une valeur moyenne de 18 millions. On en faisait venir de l'étranger pour 24 millions huit cent mille francs. D'où il suit que la *totalité des manufactures de France,* à cette époque, consommait annuellement pour une valeur de 42 millions en soies indigènes ou exotiques. En 1820, les *fabriques de Lyon* ont consommé pour 23 millions de soie de France et 22 millions de soie étrangère; en tout 45 millions, c'est-à-dire pour une valeur de 3 millions de plus, dans la seule ville de Lyon, qu'il ne s'en consommait, en 1787, dans le reste de la France. Veut-on une preuve plus incontestable encore des progrès immenses de cette branche d'industrie? Les *comptes rendus* par MM. Turgot et Neker font monter de 18 à 24 millions les exportations des fabriques lyon naises avant la révolution; cette même exportation, tant à l'étranger qu'à l'intérieur de la France, s'est montée, en 1820, à plus de 75 millions; accroissement d'autant plus considérable, que l'Angleterre, qui s'approvisionnait autrefois de soieries à Lyon, a naturalisé chez elle cette branche d'industrie. Je rappelle ces observotions avec d'autant plus de plaisir qu'on s'occupait, lors de l'exposition dernière, du rétablissement des corporations, et que peut-être n'a-t-on pas encore abandonné cette tentative ».

(51) Il y a plus de 200 ans qu'on fabrique des étoffes de soie en France. Il n'y a pas 50 ans qu'on y fabrique des faux et beaucoup d'autres ustensiles d'une nécessité absolue.

(52) Vers la fin du règne de Louis XIV, on créa des bataillons d'officiers extorsionnaires, qui achetaient du gouvernement le droit de nuire au commerce. Il y eut des commissaires auneurs de toile, auneurs de draps, langayeurs de porc, peseurs de foin, visiteurs d'eau-de-vie; des huîtriers suivant la cour; des commissaires empileurs de bois, des inspecteurs de prunes et d'abricots, des vérificateurs d'eau de la reine de Hongrie, etc., etc.

(53) Telle était la compagnie des Indes qui possédait de grandes immunités; telles étaient les corporations qui enrichissaient cependant Messieurs de la chicane, puisqu'on a calculé qu'elles seules, à Paris, dépensaient annuellement cent mille écus en plaidoiries.

(54) La pêche des harengs emploie annuellement 60,000 Hollandais.

(55) Cette amélioration devient déjà sensible en France. Les grands, les anciennes familles se mettent à la tête des manufactures; ils vont même jusqu'à rivaliser de zèle avec les agens de change par leurs spéculations sur les fonds publics. Cet encouragement à l'industrie existait aussi sous la première race des rois de France. Chaque roi, chaque homme puissant avait sa manufacture, son *gynæceum*, où des femmes esclaves filaient et tissaient du lin et de la laine. Mais il est malheureux d'avoir à avouer, avec Ducange, que lorsque la corruption s'étendit avec la féodalité, ces gynécées devinrent en quelque sorte des sérails où les rois, les princes et les grands officiers de la couronne trouvaient leurs concubines et quelquefois leurs femmes.

(56) Ces gens-là, ennemis de tout perfectionnement, seraient bien étonnés, si, parmi mille faits plus extraordinaires pour le chimiste, je leur citais celui-ci, consigné dans tous les ouvrages qui ont traité de l'exposition dernière des produits de l'industrie. — On a calculé que les os de tous les animaux qu'on abat à Paris pouvaient fournir journellement 600,000 rations de gélatine, propres à transformer 1,200,000 soupes maigres, de fécule de pommes de terre, par exemple, en soupes grasses. Mais voici qui leur paraîtra plus extraordinaire : des os fossiles qui avaient quarante sciècles ont donné une bonne gélatine, et de belles dames ont mangé des alimens *anté-diluviens*. Des objets en os de toute espèce, des dés d'ivoire ont été traités par le procédé de M. Darcet. — Si dans le bon vieux temps on eût connu cet avantage, il aurait empêché les nombreuses pestes qui ont fait périr tant d'indigens.

(57) C'est l'industrie, a dit Voltaire, et non pas l'or et l'argent, qui donne l'abondance et la richesse aux nations; ajoutez la santé, comme on le voit chez les Chinois, où il se fait un commerce de ballons remplis de l'air des hautes montagnes, à l'usage des habitans des villes.

FIN DES NOTES.

TABLE

DES MATIÈRES.

		Pag.
Dédicace.		VII
Introduction		IX
Chap. Ier.	Principes d'un bon gouvernement.	1
— II.	Des passions de l'homme.	18
— III.	De l'orgueil individuel.	20
— IV.	De l'intérêt ididuel.	41
— V.	De l'attachement aux préjugés.	65
— VI.	Du fanatisme religieux.	82
— VII.	Du fanatisme politique.	106
— VIII.	De la délation.	121
— IX.	De la compression de l'opinion publique ou de la pensée.	130
— X.	De l'industrie.	142
— XI.	Résumé.	150
	Notes.	155

FIN DE LA TABLE.